JN017000

徹底解説！

中国語の構文攻略ドリル［改訂版］

柴森 著

白水社

装丁・本文デザイン
山本州・吉澤衣代（raregraph）

はじめに

　この本は、筆者がある大学の「中級中国語作文」クラスのために作成した教材をもとに編集したものです。この作文クラスでは、まず文法事項について簡単に解説し、学生に日文中訳の宿題を与えます。学生たちは各自辞書を引いて文を作り、次回の授業ではみなで答え合わせをします。

　みなが作る文はさまざまで、意外な文が飛び出すこともあり、模範解答は一つとは限りません。どの文がもっとも自然か、問題がある文はどれか、それはどんな理由によるのか？　学生たちに毎回解説する中で、中級から上をめざす学習者にはこのような作文のポイントを具体的に解説する参考書が必要だと実感しました。

　この本が目標とするのは、問いに正しく答えることではありません。間違えるのも、覚えるためのチャンスとなります。たくさんの練習問題を解き、解説を読むことを通じて、中国語の構文を理解し、作文力を身につけていただくことが、この本のねらいです。

　ある学生は、作文クラスを受講した理由を、検定試験でもっとも自信がないのが日文中訳だからと言っていました。この本を通じて、みなさんが自信をもって検定試験に挑むことができるよう、また自分の伝えたいことをより幅広く自由に表現できるようになることを願っています。

　改訂版では、全体を見直して修訂を加えるとともに、「離合詞」「方向補語の派生用法②」「程度補語」「緊縮文」の4節を追加しました。いずれも作文に役立つ表現方法ですから、ぜひ使いこなして、いっそう豊かな表現力を身につけてください。

　本書の執筆にあたり、豊嶋裕子先生（東海大学）、遠藤雅裕先生（中央大学）には貴重なご意見を賜りました。また日本語の表現については、周囲の友人たちから数々の有益なアドバイスをいただきました。心から感謝申し上げます。

2022年12月　著者

目 次

この本の使い方

まずは「基本のおさらい」で、中国語の構文の基本を復習しましょう。そのあと第1章～第4章では、初級ではなかなか理解しきれない事項を選び、1節ごとにじっくり練習していきます。

各節の構成

ポイント解説

基本文型、おさえるべきポイントを確認します。

練習1

ウォーミングアップとして、穴埋め問題、語句の並べ替え作文などに取り組みます。

練習2

日文中訳の問題に挑戦します。訳しづらい語句などは右側に示してあるので、ヒントにしてください。

解答例と解説

構文のパターンや細かいルールを確認します。間違えたところは、解説をよく読んでください。

＋α

各節の内容にあわせ、プラスアルファの用法・用例を紹介します。

語句リスト

本文中のわからない語句を調べるのに役立ててください。

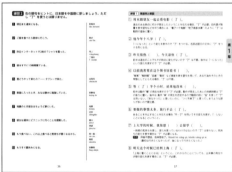

基本のおさらい

　ここでは、構文の基本となる各種の述語文、さまざまな疑問文、文成分となる主語や目的語、いろいろな修飾語を復習します。動作の進行を表す文や「〜したことがある」という経験を表す助詞 "过" など、比較的やさしい文法事項も、ここでおさらいしておきましょう。

基本となる述語文

ここでは、おもに基礎段階の各種の述語文とやや複雑な形の主語や目的語などを復習します。各種の文型の語順、特徴や注意点などをしっかり覚えておきましょう。

練 習 右の語句をヒントに、日本語を中国語に訳しましょう。

1 私は中国語を学ぶ。

2 彼は留学生だ。

3 兄は2階にいる。

楼
lóu

4 机には（1台の）パソコンがある。

台
tái
电脑
diànnǎo

5 私は（1つの）電子辞書を持っている。

电子词典
diànzǐ cídiǎn

6 今日は月曜日だ。

基本のおさらい

1. 我学汉语。
Wǒ xué Hànyǔ.

「…を～する」という場合、[主語＋動詞＋目的語] という形の「動詞述語文」を用いる。「…を～しない」という否定では "我不学汉语。" のように動詞の前に "不" を用いる。

2. 他是留学生。
Tā shì liúxuéshēng.

「…は～である」という場合、ふつう動詞 "是" の文を用いる。否定は "他不是留学生。" のように "是" の前に "不" を用いる。

3. 哥哥在二楼。
Gēge zài èr lóu.

ある特定のものがどこにあるか、または特定の人物がどこにいるかという「所在」を表す場合、動詞 "在" の文を用いる。基本文型は [物／人＋"在"＋場所] となる。否定は "哥哥不在二楼。" のようにふつう "不" を使う。

参考 课本不在桌子上。（教科書は机の上にはない。）

4. 桌子上有一台电脑。
Zhuōzi shàng yǒu yì tái diànnǎo.

ある既知の場所に何があるか、だれがいるかという「存在」を表す場合は動詞 "有" の文を用いる。基本文型は [場所＋"有"＋物／人] で、「物／人」と「場所」の位置は "在" の文と逆になる。また、場所を表す語の後ろにはふつう方位詞（ここでは "上"）が必要。「物／人」の前には数量詞（ここでは "一台"）を伴うことが多い。否定は "桌子上没有电脑。" のように "没有" となり、"不" を用いないことに注意。

参考 教室里有三个学生。（教室には3人の学生がいる。）

5. 我有一个电子词典。
Wǒ yǒu yí ge diànzǐ cídiǎn.

所有を表す場合も "有" の文を用いる。文型は [所有者＋"有"＋所有物] となる。否定は "我没有电子词典。" のように "没有" を使う。

6. 今天星期一。
Jīntiān xīngqīyī.

日付や曜日、時刻、値段、年齢や身長などを言う場合、名詞や名詞性フレーズがそのまま述語になる「名詞述語文」を用いる。名詞述語文では "是" を使わない。ただし、"今天不是星期一，是星期二。" のように否定や強調をする場合には "是" の文を用いる。なお、"儿童节是六月一号。"（子どもの日は6月1日だ）のように祝祭日など特別な日を言う場合にも "是" の文を用いることが多い。

右の語句をヒントに、日本語を中国語に訳しましょう。

7 バナナはおいしい。

香蕉
xiāngjiāo

8 外は寒い？—— 寒くない。

外边
wàibian
冷
lěng

9 兄は目がよくない。

眼睛
yǎnjing

10 彼はゲームをしている。

玩儿
wánr
游戏
yóuxì

11 私は彼女の名前を聞いたことがある。

听说
tīngshuō

12 あなたはいつ来たの？—— 昨日来た。

⑦ **香蕉很好吃。**

Xiāngjiāo hěn hǎochī.

物事の性質や状態を形容する場合、[主語＋程度副詞＋形容詞]という形の「**形容詞述語文**」を用いる。注意すべきことは次の2つ。

1) 特に程度を強調しない場合でも「飾りもの」として程度副詞の"很"を使うこと。ただし、この"很"は強く発音しない。

2) "是"は使わないこと。

⑧ **外边冷吗？——不冷。**

Wàibian lěng ma ? —— Bù lěng.

形容詞述語文の否定は形容詞の前に"不"を用いる。否定文と疑問文では特に程度を強調しない場合、程度副詞は必要ない。

⑨ **哥哥眼睛不好。**

Gēge yǎnjing bù hǎo.

"眼睛不好"は[主語＋述語]からなるフレーズで、このフレーズ自体が"哥哥"の述語になる。このような文を「**主述述語文**」と言う。

> **参考** 我肚子疼。Wǒ dùzi téng.（私はお腹が痛い。）
> 我学习很忙。Wǒ xuéxí hěn máng.（私は勉強が忙しい。）

⑩ **他正在玩儿游戏。**

Tā zhèngzài wánr yóuxì.

「～しているところだ」という動作の進行を表す場合、動詞の前に副詞の"在"や"正在"を使う。また、"他玩儿游戏呢。"のように文末に語気助詞の"呢 ne"を伴うだけでも動作の進行を表せる。

⑪ **我听说过她的名字。**

Wǒ tīngshuōguo tā de míngzi.

「～したことがある」という経験を表す場合、動詞のあとに助詞の"过"をつける。否定は"我没去过中国。"（私は中国に行ったことがない）のように、動詞の前に"没(有)"を使って"过"をそのまま残す。

⑫ **你(是)什么时候来的？——(是)昨天来的。**

Nǐ (shì) shénme shíhou lái de ? —— (Shì) zuótiān lái de.

すでに起こったことについて、「いつ」「どこで」「どのように」などを尋ねたり、それに答えたりする場合、"是～的"の文を用いる。"是"は「いつ」「どこで」「どのように」などを表す語の前に置き、省略できる。"的"は動詞の後ろか文末に置く。

13 本文を暗唱するのは難しい。

背课文
bèi kèwén

14 仕事が忙しいのはいいことだ。

好事
hǎoshì

15 彼はあなたが行くことを望んでいる。

希望
xīwàng

16 私は彼女に（1つの）プレゼントをあげたい。

给
gěi
礼物
lǐwù

17 王先生は私たちに文法を教える。

语法
yǔfǎ

18 中国語は学んだことがあるが、韓国語は学んだことがない。

韩语
Hányǔ

⒀ **背课文很难。**
Bèi kèwén hěn nán.

"背课文" は［動詞＋目的語］からなるフレーズで、文全体の主語になる。動詞や動詞フレーズがそのままの形で主語や目的語になれる。

> **参考** 她喜欢吃水果。（動詞フレーズが目的語になる例）

⒁ **工作忙是 (一件) 好事。**
Gōngzuò máng shì (yí jiàn) hǎoshì.

"工作忙" は［主語＋述語］からなるフレーズで、文全体の主語になる。形容詞や形容詞のフレーズもそのままの形で主語や目的語になれる。

⒂ **他希望你去。**
Tā xīwàng nǐ qù.

"你去" は［主語＋述語］からなるフレーズで、述語動詞 "希望" の目的語になる。主述フレーズを目的語に取る動詞でよく使われるものには、ほかに "觉得" "知道" "认为" "相信" などがある。

⒃ **我想给她一个礼物。**
Wǒ xiǎng gěi tā yí ge lǐwù.

「ある人にある物を与える」ことを表す場合、「二重目的語文」を用いる。語順は［与える人＋動詞＋受け取る人＋物］。ほかによく使われる動詞には "送"（贈る）、"还 huán"（返す）、"交给 jiāogěi"（渡す）、"借给 jiègěi"（貸す）などがある。また "他借了朋友很多钱。"（彼は友人からたくさんのお金を借りた）のように、「ある人からあるものを受け取る」ことを表す場合も二重目的語文を使うことができる。「〜したい」は助動詞の "想" または "要" を述語動詞（"给"）の前に置く。数量詞は "一件" でもよい。

⒄ **王老师教我们语法。**
Wáng lǎoshī jiāo wǒmen yǔfǎ.

知識・情報の伝達や取得を表す場合もよく二重目的語文を用いる。ほかによく使われる動詞には "告诉"（告げる）、"通知 tōngzhī"（知らせる）、"报告 bàogào"（報告する）、"问"（尋ねる）、"请教 qǐngjiào"（教えを請う）などがある。

⒅ **汉语 (我) 学过，韩语 (我) 没 (有) 学过。**
Hànyǔ (wǒ) xuéguo, Hányǔ (wǒ) méi(you) xuéguo.

動作の受け手はいつも動詞の後ろに置くとは限らない。強調する場合や対照する場合、文頭に置くこともある。もちろん "我学过汉语，没学过韩语。" でもよい。

さまざまな疑問文

ここでは、さまざまな疑問文を復習します。疑問文の語順は"你是学生吗？—— 我是学生。""你喝什么？—— 我喝咖啡。"のように平叙文と変わりません。これは重要なポイントなのでしっかり覚えておきましょう。

練 習 下線部に注意しながら、右の語句をヒントに、日本語を中国語に訳しましょう。

1 あなたは行きます<u>か</u>？

2 外は暖かいです<u>か</u>？

暖和
nuǎnhuo

3 お茶を飲みます<u>か</u>？

4 あなたも参加します<u>か</u>？

参加
cānjiā

5 あなたはこのことを知っている<u>ね</u>？

知道
zhīdao
这件事
zhè jiàn shì

6 これは<u>何</u>の雑誌ですか？

杂志
zázhì

14

1 你去吗? / 你去不去?

Nǐ qù ma ? / Nǐ qù bu qù ?

「行くか」のようにyesかnoという答えを求める質問は、文末に"吗"をつける「"吗"疑問文」、あるいは動詞か形容詞を［肯定＋否定］の順に並べる「反復疑問文」を用いる。

2 外边暖和吗? / 外边暖(和)不暖和?

Wàibian nuǎnhuo ma ? / Wàibian nuǎn(huo) bu nuǎnhuo ?

形容詞の例。2音節の語を反復疑問文にする場合、"暖(和)不暖和?""高(兴)不高兴?""喜(欢)不喜欢?"のように省略することができる。

3 你喝茶吗? / 你喝不喝茶?

Nǐ hē chá ma ? / Nǐ hē bu hē chá ?

目的語を伴う例。反復疑問文では解答例のように目的語を文末に置くほか、"你喝茶不喝?"のように動詞の肯定形と否定形の間に置くこともできる。

4 你也参加吗?

Nǐ yě cānjiā ma ?

「あなたも〜するか」と尋ねる場合、"吗"疑問文に副詞の"也"を用いる。反復疑問文は「するか」「しないか」を選ばせるものなので、"(×)你也参加不参加?"のように"也"と一緒には使えない。

5 你知道这件事吧?

Nǐ zhīdao zhè jiàn shì ba ?

「〜ですよね?」「〜でしょう?」という推測・確認の気持ちを含む質問は、文末に"吧"をつける。ほかに"你知道这件事, 对吗? / 是吧? / 是不是?""你是不是知道这件事?"などの言い方もある。

6 这是什么杂志?

Zhè shì shénme zázhì ?

単にyesかnoではなく、「なに」「何の」「だれ」「どこ」「いつ」など、具体的な答えを求める質問は疑問詞を用いた「疑問詞疑問文」で尋ねる。語順は平叙文と同じように並べ、尋ねたい部分を疑問詞にする。文末に"吗"をつけないことに注意。

下線部に注意しながら、右の語句をヒントに、日本語を中国語に訳しましょう。

7 あなたたちの先生は<u>だれ</u>？

8 お手洗いは<u>どこ</u>？

洗手间
xǐshǒujiān

9 あなたは<u>いつ</u>出発するの？

出发
chūfā

10 あなたのクラスは<u>何人</u>？　中国語の先生は<u>何人</u>いる？

班
bān

11 ひとつ<u>いくら</u>？

钱
qián

12 今年<u>おいくつ</u>ですか？

13 あの山は<u>どれくらい</u>高いの？

座
zuò

⑦ **你们老师是谁？**

Nǐmen lǎoshī shì shéi?

「だれ」と尋ねる疑問詞は"谁"以外に、"哪位nǎ wèi"という言い方もある。"哪位"は丁寧に「どちらさま」と尋ねる場合に使う。

⑧ **洗手间在哪儿？**

Xǐshǒujiān zài nǎr?

「どこ」と尋ねる場合"哪里""什么地方"もあり、使い方はほぼ同じ。たとえば、"哪儿/哪里/什么地方不舒服?"（どこが気持ち悪いの?）、"你是哪儿/哪里/什么地方(的)人?"（あなたはどこの出身?）。ただし出身国を尋ねる場合は"你是哪国人?"と言う。

⑨ **你什么时候出发？**

Nǐ shénme shíhou chūfā?

「いつ」と尋ねる場合、"什么时候"を用いる。ほかに、"几月几号""星期几""哪天""几点"など日にちや曜日、時刻などを尋ねる言葉もいろいろある。「いつ」を表す語は述語動詞（形容詞）の前に置くことに注意。

⑩ **你们班有多少(个)人？ 有几个汉语老师？**

Nǐmen bān yǒu duōshao (ge) rén? Yǒu jǐ ge Hànyǔ lǎoshī?

数を尋ねる場合、"多少"と"几"を使う。通常、予想される数が2ケタ以上の場合"多少"を使い、1ケタの場合は"几"を使う。また、"多少"は直接名詞に結びつけることができるのに対し、"几"は必ず量詞を伴う。

参考 多少(件)衣服?（何枚の服?）/ 几张纸?（何枚の紙?）

⑪ **多少钱一个？**

Duōshao qián yí ge?

"一个多少钱?"でもよい。値段を尋ねる場合、ふつう"多少钱"を使うが、計り売りの野菜や果物など、売り方を含めて「いくら」と尋ねる場合は"怎么卖?"も使われる。

⑫ **你今年多大？**

Nǐ jīnnián duō dà?

年齢を尋ねる場合、"多大?"は幼稚園の子どもから大人までもっとも幅広く使えるが、相手の歳によってさまざまな尋ね方がある。子どもには"几岁?"、若い人から中高年の人までには"多大岁数?"（"多大?"より丁寧）、お年寄りには"多大年纪?"などを用いる。ほかに"你哪年生的?"（何年生まれ?）という尋ね方もある。

⑬ **那座山(有)多高？**

Nà zuò shān (yǒu) duō gāo?

高さ、重さ、遠さ、長さなどについて「どれくらい」と尋ねる場合、"多高""多重""多远""多长"のように［"多"+形容詞］で表す。その前に"有"を加えてもよい。

⑭ お名前は<u>どのように</u>書きますか？

⑮ 彼は<u>なぜ</u>来ないの？

⑯ <u>どうしたの</u>？　具合が悪いの？

不舒服
bù shūfu

⑰ 明日の天気は<u>どう</u>？

天气
tiānqì

⑱ 一緒に卓球<u>しない</u>？

乒乓球
pīngpāngqiú

⑲ ご飯にする？　<u>それとも</u>麺にする？

米饭
mǐfàn
面条
miàntiáo

⑳ 私はビールを飲む。<u>君は</u>？

啤酒
píjiǔ

⒁ **你的名字怎么写？**

Nǐ de míngzi zěnme xiě ?

やり方について「どのように」と尋ねる場合は"怎么"を使う。ほかに"怎样翻译?"、"怎么样说?"のように"怎样""怎么样"も使えるが、話し言葉では"怎么"がもっとも一般的。

⒂ **他为什么／怎么不来？**

Tā wèi shénme / zěnme bù lái ?

「どうして」「なぜ」と尋ねる場合、"为什么"と"怎么"のいずれも使えるが、"为什么"がより客観的に原因・理由を尋ねるのに対し、"怎么"は"怎么这么热?"（どうしてこんなに暑いの？）、"你怎么又迟到了?"（君どうしてまた遅刻したの？）のように不思議がったり不満がったりする気持ちなどが込められる場合も比較的多い。

⒃ **你怎么了？　不舒服吗？**

Nǐ zěnme le ?　Bù shūfu ma ?

「異常」に気づいて「どうしたの」「何かあったの」と尋ねる場合"怎么了?"を使う。

参考 他们俩怎么了？　吵架了？ Nǐmen liǎ zěnme le ? Chǎojià le ?
（あの2人はどうしたの？　けんかしたの？）

⒄ **明天天气怎么样？**

Míngtiān tiānqì zěnmeyàng ?

様子や状況について「いかが」「どう」と尋ねる場合、"怎么样"を使う。

参考 找工作的事怎么样了？（就職の件はどうなった？）

⒅ **一起打乒乓球，好吗？／ 好不好？／ 怎么样？**

Yìqǐ dǎ pīngpāngqiú, hǎo ma ? / hǎo bu hǎo ? / zěnmeyàng ?

「〜しないか」のように自分の提案について相手の意向を尋ねる場合、提案した事項の後ろに"好吗?"（"吗"疑問）、"好不好?"（反復疑問）、"怎么样?"（疑問詞疑問）などをつけて表せる。

⒆ **吃米饭还是吃面条？**

Chī mǐfàn　háishi chī miàntiáo ?

「Aにするか、それともBにするか」と尋ねる場合、"A还是B?"という「選択疑問文」を使う。"吗"をつけないことに注意。

⒇ **我喝啤酒，你呢？**

Wǒ hē píjiǔ, nǐ ne ?

日本語の「君は？」のように、中国語にも"你呢?"という「省略疑問文」がある。"我喝啤酒"という前提があるので"(你) 喝什么?"が省略されている。なお、"欸éi? 我的眼镜呢?"（あれ、私のメガネは？）のように所在を尋ねるときには、前提なしによく"〜呢?"が使われる。

名詞を修飾する成分

ここでは、おもに名詞を修飾する成分（連体修飾語）について見ていきます。名詞を修飾するのは、代名詞、数量詞、名詞、形容詞、動詞、四字熟語などさまざまです。"的"の有無や修飾語が複数あるときの語順などに注意しましょう。

練 習 下線部に注意しながら、右の語句をヒントに、日本語を中国語に訳しましょう。

1 これは<u>私の</u>かばんだ。

書包
shūbāo

2 <u>私たちの学校</u>は郊外にある。

郊区
jiāoqū

3 <u>彼の娘の梅ちゃん</u>は今年6歳だ。

女儿
nǚ'ér
小梅
Xiǎo Méi

4 李明さんは<u>彼の友人</u>で、<u>私の友人</u>ではない。

朋友
péngyou

5 机の上に<u>1つの</u>リンゴがある。

苹果
píngguǒ

6 <u>この</u>タオルはだれのですか？

条
tiáo
毛巾
máojīn

20

1 这是我的书包。

Zhè shì wǒ de shūbāo.

「だれのもの」という所有関係を表す場合、人称代名詞と「所有物」の間にはふつう "的"
が必要。

2 我们(的)学校在郊区。

Wǒmen (de) xuéxiào zài jiāoqū.

人称代名詞が所属機関、生活場所などを修飾する場合、"的" をつけないことが多い。
個人の所有物でない場合、"你们国家"（あなたたちの国）、"他们公司"（彼らの会社）、
"我们单位 dānwèi"（私の職場）、"她们宿舍"（彼女たちの宿舎）のように人称は複数の
形となる。

3 他(的)女儿小梅今年六岁。

Tā (de) nǚ'ér Xiǎo Méi jīnnián liù suì.

親族関係や友人関係を表す場合も "的" を省略することが多い。また、"女儿" と "小梅"
のような同格関係はそのまま並べる。

参考 他爸爸（彼のお父さん）/ 我们老师（私たちの先生）/
我们老板 lǎobǎn（うちのボス）/ 我朋友李明（私の友人の李明さん）

4 李明是他(的)朋友，不是我(的)朋友。

Lǐ Míng shì tā (de) péngyou, bú shì wǒ (de) péngyou.

"的" をつけることによって「だれの」ということを強調するニュアンスが強くなるが、
"的" をつけずに人称代名詞の "他""我" を強く発音しても同様の効果がある。

5 桌子上有一个苹果。

Zhuōzi shàng yǒu yí ge píngguǒ.

物を数えるとき、数詞は直接名詞を修飾できず、名詞に応じた量詞が必要で、[数詞
＋量詞＋名詞] の順に並べる。"的" は不要。

参考 一支铅笔（1本の鉛筆）/ 两封信（2通の手紙）/ 三件衣服（3枚の服）

6 这条毛巾是谁的？

Zhè tiáo máojīn shì shéi de ?

「この〜／あの〜」と物を指し示す場合、ふつう指示代名詞 "这/那" と名詞の間には
名詞に応じた量詞が必要で、[指示代名詞＋量詞＋名詞] の順に並べる。物が2つ以上
の場合には "这两本书"（この2冊の本）、"那三辆自行车"（その3台の自転車）のよう
に [指示代名詞＋数詞＋量詞＋名詞] の順に並べる。「どの〜」を表す場合は "哪条
毛巾？" のように疑問代名詞 "哪" を用いる。

⑦ <u>これらの漫画</u>はみんな弟のだ。

这些
zhèxiē
漫画
mànhuà

⑧ 私は<u>このようなデザイン</u>が好きだ。

这样
zhèyàng
款式
kuǎnshì

⑨ <u>図書館の本</u>はここにある。

⑩ 彼女は<u>プラスチックの食器</u>が好きではない。

塑料
sùliào
餐具
cānjù

⑪ 私たちには<u>中国人の先生</u>が2人いる。

⑫ 私たちは<u>（1つの）大きなスーツケース</u>が必要だ。

需要
xūyào
箱子
xiāngzi

⑬ 彼女は<u>きれいな切手</u>がとても好きだ。

漂亮
piàoliang
邮票
yóupiào

⑦ 这些漫画都是弟弟的。

Zhèxiē mànhuà dōu shì dìdi de.

複数を表す指示代名詞"这些／那些"（これら／あれら）は、名詞との間に量詞は不要（"些"自体が本来は量詞）。疑問の場合は"哪些"を用いる。

⑧ 我喜欢这样的款式。

Wǒ xǐhuan zhèyàng de kuǎnshì.

"这种款式"（この種類のデザイン）とも言える。"种"は量詞なので、名詞との間に"的"は不要。"这样""那样"は名詞との間に"的"が必要。

参考　这样的事儿＝这种事儿（このような事）／他那样的人＝他那种人（彼のような人）

⑨ 图书馆的书在这儿。

Túshūguǎn de shū zài zhèr.

名詞が修飾語になる場合、特に「所有」を表す場合はふつう"的"を使う。

参考　学校的设备 shèbèi（学校の設備）／公司的车（会社の車）

⑩ 她不喜欢塑料餐具。

Tā bù xǐhuan sùliào cānjù.

名詞が事物の属性を表す場合は"的"を使わず、修飾される語と一語化することが多い。

参考　汉语课本（中国語の教科書）／数学老师（数学の先生）／社会问题（社会問題）

⑪ 我们有两个中国老师。

Wǒmen yǒu liǎng ge Zhōngguó lǎoshī.

"中国"は"老师"の属性を表すので"的"は不要（"（×）中国人老师"とは言わないことに注意）。数量詞も伴う場合はその前に置く。"个"を"位"に言い換えると丁寧な表現になる。

参考　一位美国朋友（1人のアメリカ人の友人）／几位外国游客（数人の外国人観光客）

⑫ 我们需要一个大箱子。

Wǒmen xūyào yí ge dà xiāngzi.

1音節の形容詞が修飾語になる場合、一般に"的"は必要ないが、強調または対比する場合、"大的箱子我拿，小的你拿。"（大きいスーツケースはぼくが持つから、小さいのは君が持って）のように"的"を使うこともできる。

⑬ 她很喜欢漂亮的邮票。

Tā hěn xǐhuan piàoliang de yóupiào.

2音節の形容詞が修飾語になる場合、ふつう"的"を使う。ただし、"老实人 lǎoshi rén"（誠実な人）、"重要新闻 zhòngyào xīnwén"（重大ニュース）、"关键时刻 guānjiàn shíkè"（肝心なとき）のように名詞と一語化しているものも多い。

下線部に注意しながら、右の語句をヒントに、日本語を中国語に訳しましょう。

⑭ 彼は<u>私の一番の親友</u>だ。

最
zuì

⑮ 彼女は<u>たくさんのアクセサリー</u>を持っている。

首饰
shǒushi

⑯ <u>昨日買った果物</u>は冷蔵庫にある。

冰箱
bīngxiāng

⑰ <u>あのメガネをかけている人</u>は私たちの先生だ。

戴眼镜
dài yǎnjìng

⑱ <u>レベルの高い人</u>が多い。

水平
shuǐpíng

⑲ 彼女は<u>うちのクラスで一番努力する学生</u>だ。

努力
nǔlì

⑳ <u>あの3人の制服を着ている男子学生</u>はうちのクラスです。

穿
chuān

校服
xiàofú

14 **他是我最好的朋友。**

Tā shì wǒ zuì hǎo de péngyou.

副詞のついた形容詞や、形容詞の重ね型が修飾語になる場合には、名詞との間に"的"を使う。

参考 非常老实的人 / 很重要的新闻 / 大大的箱子

15 **她有很多首饰。**

Tā yǒu hěn duō shǒushi.

"多"と"少"はそのまま名詞を修飾することができず、必ず"很"などの副詞を伴う。"的"はつけないのがふつう。"(×)她有多的首饰"のような誤用が多いので要注意。

参考 很少学生（少ない学生）/ 不少问题（多くの問題）

16 **昨天买的水果在冰箱里。**

Zuótiān mǎi de shuǐguǒ zài bīngxiāng li.

動詞や動詞フレーズが修飾語となる場合は"的"が必要。この文では［動詞を修飾する成分（昨天）＋動詞（买）］が修飾語になっている。

17 **那个戴眼镜的人是我们老师。**

Nàge dài yǎnjìng de rén shì wǒmen lǎoshī.

［動詞＋目的語］のフレーズが修飾語になる例。

参考 学英语的学生（英語を勉強する学生）/ 买东西的人（買い物をする人）

18 **水平高的人很多。**

Shuǐpíng gāo de rén hěn duō.

動詞フレーズのほか、形容詞や前置詞などのフレーズが修飾語になる場合も"的"が必要。この文は［主語＋述語（形容詞）］が修飾語になる例。

参考 工作不顺利的时候 gōngzuò bú shùnlì de shíhou（仕事が不調なとき）

19 **她是我们班最努力的学生。**

Tā shì wǒmen bān zuì nǔlì de xuésheng.

複数の修飾語がある場合、語順は日本語と同様、ふつう「どこの」「だれの」を表す語を先に、「どのような」を表す語をあとに置く。"的"は通常1つにしぼって修飾される語の前に使う。

20 **那三个穿校服的男学生是我们班的（学生）。**

Nà sān ge chuān xiàofú de nán xuésheng shì wǒmen bān de (xuésheng).

ふつうは［指示代名詞＋数量詞＋外見などを表す語句＋"的"＋属性を表す語＋名詞］という順になるが、外見などを目立った特徴として強調する場合、"**穿校服的那三个男学生是我们班的（学生）。**"とも言える。

25

述語を修飾する成分

ここでは述語となる動詞・形容詞を修飾する成分（連用修飾語）を中心に復習します。動詞・形容詞を修飾するのは副詞、形容詞、時間詞、前置詞フレーズ、熟語などさまざまで、"地"の有無や複数の修飾語を使うときの語順などがポイントです。

練 習 下線部に注意しながら、右の語句をヒントに、日本語を中国語に訳しましょう。

1. 私は<u>水曜日</u>に体育の授業がある。

    体育课
    tǐyù kè

2. このスカートは<u>とても</u>きれいだ。

    裙子
    qúnzi

3. 私は<u>よく</u>飛行機に乗る。

    飞机
    fēijī

4. 彼は<u>おそらく</u>知らないだろう。

    恐怕
    kǒngpà

5. 彼ら<u>もみな</u>中国語を勉強する。

6. 私たちは<u>駅で</u>会う。

    车站
    chēzhàn
    见面
    jiànmiàn

①　**我星期三有体育课。**

Wǒ xīngqīsān yǒu tǐyù kè.

動詞・形容詞を修飾する成分はふつう動詞、形容詞の前に置く。時間、頻度、場所、範囲、程度、語気などを表す「限定性修飾語」と動作や動作主の様子を表す「描写性修飾語」がある。限定性修飾語の場合、"**地**"は不要。この文は時間を表す名詞が動詞フレーズを修飾する例。時間名詞 (句) は主語の前にも置ける。

②　**这条裙子很漂亮。**

Zhè tiáo qúnzi hěn piàoliang.

程度副詞 "**很**" が形容詞 "**漂亮**" を修飾している。"**很**" のほか、程度副詞には "**真**""**非常**""**特別**""**比较**""**有点儿**" などがある。程度副詞は "**很想去**""**非常喜欢**" のように心理活動を表す動詞も修飾できる。スカートを数える量詞は "**条**"。

③　**我常常坐飞机。**

Wǒ chángcháng zuò fēijī.

頻度を表す副詞 "**常常**" が後ろの動詞フレーズを修飾している。"**常常**" のほか、頻度を表す副詞には "**总是**"（いつも）、"**经常**"（よく）、"**有时候**"（ときどき）、"**偶尔 ǒu'ěr**"（たまに）などがある。

④　**他恐怕不知道 (吧)。**

Tā kǒngpà bù zhīdào (ba).

推測の語気を表す副詞 "**恐怕**" は、"**恐怕他不知道。**" のように文頭に置いてもよい。"**大概 dàgài**"（たぶん）、"**也许 yěxǔ**"（〜かもしれない）なども同様。

⑤　**他们也都学汉语。**

Tāmen yě dōu xué Hànyǔ.

「〜も」を表す "**也**" は、ふつうほかの副詞より主語の近くに置く。なお、「彼らはみな中国語も勉強する」という場合も語順は同じで、"**他们也都学汉语。**" と言うが、この場合は "**汉语**" を強く発音する。

⑥　**我们在车站见面。**

Wǒmen zài chēzhàn jiànmiàn.

動作の行われる場所を言う場合、ふつう動詞の前に ["**在**"＋場所] という前置詞フレーズを使う。前置詞フレーズは "**地**" を伴わない。「時間」も伴う場合は、通常 "**六点在车站见面**" のように [時間＋場所＋動詞] という順になる。

練 習 下線部に注意しながら、右の語句をヒントに、日本語を中国語に訳しましょう。

⑦ ちょっと<u>君と</u>相談したい。

商量
shāngliang

⑧ 彼女は<u>彼氏と一緒に</u>水族館に行った。

男朋友
nánpéngyou

水族馆
shuǐzúguǎn

⑨ 私が<u>彼らに</u>学校の状況を紹介してあげる。

介绍
jièshào

情况
qíngkuàng

⑩ 彼女は<u>患者さんに</u>とても優しい。

患者
huànzhě

亲切
qīnqiè

⑪ この件は、私は<u>ほかの人に</u>言わなかった。

别人
biéren

⑫ 私たちは<u>1日から5日まで</u>北京に旅行に行く。

旅行
lǚxíng

⑬ <u>この問題について</u>私たちは午後討論する。

关于
guānyú

讨论
tǎolùn

7 **我想跟你商量一下。**

Wǒ xiǎng gēn nǐ shāngliang yíxià.

動作をともにする相手を表す場合、動詞の前に［"跟"＋相手］という前置詞フレーズを使う。「ちょっと」は "一下" を使うか、重ね型の "商量商量" で表す。

参考 跟她约会 yuēhuì（彼女とデートをする）／ 跟朋友聊天儿（友だちと雑談する）

8 **她跟男朋友一起去水族馆了。**

Tā gēn nánpéngyou yìqǐ qù shuǐzúguǎn le.

「ある人と一緒に～する」という場合、［"跟"＋人＋"一起"＋動詞］という順になる。この順序は変えられないので要注意。

9 **我给他们介绍学校的情况。**

Wǒ gěi tāmen jièshào xuéxiào de qíngkuàng.

「～してあげる」「～してくれる」を表す場合は動詞の前に［"给"＋相手］という前置詞フレーズを使う。

10 **她对患者很亲切。**

Tā duì huànzhě hěn qīnqiè.

態度の向かう対象を表す場合は前置詞 "对" を用いる。程度副詞はその態度を表す形容詞を修飾するので、形容詞の前に置く。否定する場合は "对患者不亲切" のように形容詞の前に "不" を置き、"不"＋"亲切"（不親切だ）で1つのまとまった性質を表す。

11 **这件事我没对别人说。**

Zhè jiàn shì wǒ méi duì biéren shuō.

「言う」「笑う」などの動作の向かう対象を表すとき、"对"（または "跟"）を用いる。"对别人说" を1つの動作としてとらえ、否定語はその前に置くのがふつう。この文の場合は "这件事我没告诉别人。" でも同じ内容を表せる。

12 **我们从一号到五号去北京旅行。**

Wǒmen cóng yī hào dào wǔ hào qù Běijīng lǚxíng.

「～から…まで」は "从～到…" で表し、このフレーズが "去北京旅行" の修飾語になる。

参考 从北京到上海坐飞机要多长时间？（北京から上海まで飛行機でどれくらい時間がかかるの？）

13 **关于这个问题我们下午讨论。**

Guānyú zhège wèntí wǒmen xiàwǔ tǎolùn.

"关于"（～について）を用いる前置詞フレーズは主語の前に置かなければならず、"(×)我们下午关于这个问题讨论。" とは言えない。

下線部に注意しながら、右の語句をヒントに、日本語を中国語に訳しましょう。

14 彼女は私の質問に<u>はっきりと</u>答えてくれた。

明确
míngquè
回答
huídá

15 <u>ゆっくり</u>話してください。

慢慢
mànmàn

16 私たちは<u>しだいに</u>慣れた。

逐渐
zhújiàn
习惯
xíguàn

17 彼女は<u>うれしそうに</u>プレゼントを受け取った。

高兴
gāoxìng
收下
shōuxià

18 子どもたちは<u>一心不乱に</u>勉強している。

孩子
háizi
聚精会神
jù jīng huì shén

19 彼は怒って<u>大声で</u>「だめだ！」と言った。

大声
dàshēng

14 **她明确 (地) 回答了我的问题。**

Tā míngquè (de) huídále wǒ de wèntí.

動作の様子を描写する形容詞の例。"地"はなくてもよい場合が多いが、加えると描写的なニュアンスがより強くなる。ただし、"她非常明确地回答了我的问题。"のように形容詞の前に副詞が来る場合には"地"が必要となる。

15 **请你慢慢 (地) 说。**

Qǐng nǐ mànmàn (de) shuō.

形容詞の重ね型が修飾語になる場合、ふつう"地"は入れても入れなくてもよい。

参考 轻轻 (地) 放下 qīngqīng (de) fàngxia （そっと置く）

详详细细 (地) 介绍 Xiángxiángxìxì (de) jièshào （くわしく紹介する）

16 **我们逐渐 (地) 习惯了。**

Wǒmen zhújiàn (de) xíguàn le.

動作を描写する副詞の例。この文のように"地"を使ってもよいものがあれば、"亲自处理qīnzì chǔlǐ"（自ら処理する）ように"地"を使わないものもある。

17 **她高兴地收下了礼物。**

Tā gāoxìng de shōuxiàle lǐwù.

動作者の気持ちや態度を描写する場合、ふつう"地"が必要。

参考 温和地说 wēnhé de shuō （優しく言う）

愉快地笑 yúkuài de xiào （愉快に笑う）

18 **孩子们正在聚精会神地学习。**

Háizimen zhèngzài jù jīng huì shén de xuéxí.

四字熟語や慣用句などが修飾語となる場合、ふつう"地"が必要。「一心不乱」は"全神贯注quán shén guàn zhù""专心致志zhuān xīn zhì zhì"とも言える。

参考 自由自在地飞 zìyóu zìzài de fēi （自由自在に飛ぶ）

不知不觉地过了两个星期。Bù zhī bù jué de guòle liǎng ge xīngqī.

（いつのまにか2週間たってしまった。）

19 **他生气地大声说："不行！"**

Tā shēngqì de dàshēng shuō: "Bùxíng !"

"生气地""大声"と描写性修飾語を2つ使う例。"生气"は動作をする人の様子を表すものなので主語の近くに置き、"地"も使う。"大声"は動作を描写するものなので動詞の近くに置き、"地"を使ってもよいが、前の"地"があるので省略するのがふつう。

第 1 章
注意すべきパーツ

　この章では、学習者にとって習得の難しい"了"、用法の多い"着"、さらに誤用しやすい離合詞を取り上げます。"了"は、動態助詞の"了"（動作の発生や完了を表す）と語気助詞の"了"（出来事の発生や状況変化を表す）の2つに分けられますが、両者ははっきり分けられない場合もあるので、まとめて練習しましょう。動態助詞の"着"は、「状態の持続を表す」という点がそれぞれの用法を理解するポイントです。離合詞は、文の中で［動詞＋目的語］フレーズのように働くことを意識して見ていきましょう。

1 助詞 "了"

助詞 "了" とは？

"了"は動詞の後ろに置く場合と文末に置く場合があります。動詞の後ろに置く場合は、動作の発生や完了を表します。

我买了一本书。　　（私は 1 冊の本を買った。）
Wǒ mǎile yì běn shū.

下了课去打工。　　（授業が終わったらアルバイトに行く。）
Xiàle kè qù dǎgōng.

文末に置く場合は、出来事の発生や状態の変化を表します。

下雪了！　　　　　（雪が降ってきた!）
Xià xuě le !

脸红了。　　　　　（顔が赤くなった。）
Liǎn hóng le.

"了" を使用しない場合

特に動作の発生や完了、状態の変化を言いたいわけではない場合、"了"をつける必要はない。したがって、以下のような場合は通常 "了" を用いない。

●動作の発生・完了や状態の変化に対する否定を表す場合
　他没来。（彼は来なかった。／来ていない。）

●過去の動作や行為でも、くり返し行われて一種の「常態」になっていた場合
　那时候我常来这儿。（あのときよくここに来た。）

●過去における一時期の状態、心理活動や気持ちを表す場合
　上星期天气很好。（先週は天気がよかった。）
　小时候我很喜欢吃糖。（小さいころ私はアメをなめるのが大好きだった。）

●「話した」あるいは「考えた」具体的な内容を引用する場合
　他说一定去。（彼は必ず行くと言った。）

●過去の動作行為が修飾語になる場合
　去中国的时候……（中国に行ったとき……）

過去のことにすべて "了" を使ってしまう間違いが多いので、"了" を使用する／しない条件に注意しながら問題を解いていきましょう。

練習1 日本語を参考にして必要だと判断した場合、空欄に "了" を
入れましょう。

① 周末跟朋友一起去看电影（　　　）。

Zhōumò gēn péngyou yìqǐ qù kàn diànyǐng（　）.

週末私は友達と一緒に映画を見に行った。

② 他今年十八岁（　　　）。

Tā jīnnián shíbā suì（　）.

彼は今年18歳になった。

③ 昨天很热（　　　），今天凉快（　　　）。

Zuótiān hěn rè（　）, jīntiān liángkuai（　）.

昨日は暑かったが、今日は涼しくなった。

④ 以前我常常在这个图书馆看书（　　　）。

Yǐqián wǒ chángcháng zài zhège túshūguǎn kàn shū（　）.

以前、私はよくこの図書館で本を読んでいた。

⑤ 等（　　　）半个小时，结果他没来（　　　）。

Děng（　）bàn ge xiǎoshí, jiéguǒ tā méi lái（　）.

30分も待っていたのに、彼は結局来なかった。

⑥ 要做的事情太多，旅行不去（　　　）。

Yào zuò de shìqing tài duō, lǚxíng bú qù（　）.

やらなければならないことが多すぎて、旅行は行かないことにした。

⑦ 上大学的时候，我很想（　　　）去留学（　　　）。

Shàng dàxué de shíhou, wǒ hěn xiǎng（　）qù liúxué（　）.

大学のとき、とても留学に行きたかった。

⑧ 明天这个时候已经到上海（　　　）。

Míngtiān zhège shíhou yǐjīng dào Shànghǎi（　）.

明日の今ごろはすでに上海に着いている。

練習2 右の語句をヒントに、日本語を中国語に訳しましょう。ただし "了" を使うとは限りません。

1 明日また週末になる。

到周末
dào zhōumò

2 ご飯を食べたら散歩に行こう。

散步
sàn//bù

3 昨日インターネットで2枚のTシャツを買った。

网上
wǎngshang

T恤衫
T xùshān

4 彼はすでに10時間寝ている。

5 君どうやって来たの？── タクシーで来た。

出租车
chūzūchē

6 教室に入ったとき、みなは静かに勉強していた。

安静地
ānjìng de

7 地震のとき彼女はちょうど家にいた。

地震
dìzhèn

正好
zhènghǎo

8 彼女は週末にピクニックに行くことを提案した。

建议
jiànyì

郊游
jiāoyóu

9 もう食べない。これ以上食べると気持ちが悪くなるから。

再～就…
zài~jiù...

难受
nánshòu

10 もうすぐ夏休みになる。

放暑假
fàng shǔjià

① 周末跟朋友一起去看电影（ 了 ）。

過去のある時点に何かが発生したということを伝える場合、"了"が必要。目的語が数量を表す語句などを伴う場合には、"看了一个电影""吃了很多水果"のように"了"は動詞の直後に置く。

② 他今年十八岁（ 了 ）。

「～になった」という変化を表すので"了"をつける。名詞述語文の文末に"了"をつける形になる。

③ 昨天很热（　　），今天凉快（ 了 ）。

前半は過去のことでもその時点に変化がないので"了"は不要。後半は「～になった」という変化を表すので"了"が必要。

④ 以前我常常在这个图书馆看书（　　）。

"常常""有时候""总是""每天"など頻度を表す語句を用いて、ある行為をそのときの常態としてとらえる場合、"了"は不要。

⑤ 等（ 了 ）半个小时，结果他没来（　　）。

前半は動作"等"の発生を表すので"了"が必要。動作が発生したあとの持続時間は"了"の後ろに置く。後半は、動作"来"の発生を否定するので動詞の前に"没"を使って"了"は用いない。「来なかった」と言いたいのに、"(×)不来了"と言ってしまうような誤りが多いので要注意。

⑥ 要做的事情太多，旅行不去（ 了 ）。

あることを中止することを伝える場合"不…了"を用いてその変化を表す。「…しないことになる」ということ。

⑦ 上大学的时候，我很想（　　）去留学（　　）。

一時期の気持ちを表し、変化を言っているわけではないので"了"は使わない。気持ちの変化を表す場合は"了"が必要になる。

参考 开始不想去，后来想去了。Kāishǐ bù xiǎng qù, hòulái xiǎng qù le.
（最初は行きたくなかったが、後になって行きたくなった。）

⑧ 明天这个时候已经到上海（ 了 ）。

「上海に着くことになる」ということ。これからのことについても、出来事の発生や状態の変化を表す場合には、"了"が必要。

1 明天又到周末了。

Míngtiān yòu dào zhōumò le.

「～になる」という変化を表すので"了"を使う。また、周期的に起こることを表す場合、繰り返しを表す副詞は"再"ではなく"又"を使う。

2 吃了饭去散步吧。

Chīle fàn qù sànbù ba.

「Aし終わったらBする」という場合、動詞Aのあとに完了を表す"了"を置くか、または"吃完饭去散步吧。"のように結果補語の"完"を用いる。"吃完了饭去散步吧。"のように"完"と"了"を同時に使ってもよい。

3 昨天在网上买了两件Ｔ恤衫。

Zuótiān zài wǎngshang mǎile liǎng jiàn T xùshān.

過去のある時点に何かが発生したということを表すので"了"が必要。目的語が数量詞を伴う場合、"了"は動詞のあと（目的語の前）に置く。

4 他已经睡了十个小时了。

Tā yǐjīng shuìle shí ge xiǎoshí le.

ある動作が今の時点（発話の時点）までどれくらい続いているかを表す場合、ふつう2つの"了"をそれぞれ動詞の直後（動作の発生を表す）と文末（「～ということになった」という語気を表す）に置く。この場合、動詞のあとの"了"は略してもよい。

参考 我学了两年汉语了。（私は中国語を2年間勉強している。）

5 你是怎么来的？——（是）坐出租车来的。

Nǐ shì zěnme lái de? ——（Shì）zuò chūzūchē lái de.

すでに行われたことについて「いつ」「どこで」「どのように」などを尋ね、またそれに答える場合、"了"を使わず"是～的"の文を用いる（→p.11）。

6 进教室的时候大家正在安静地学习。

Jìn jiàoshì de shíhou dàjiā zhèngzài ānjìng de xuéxí.

過去に進行していた行動や持続していた状態を表す場合、"了"は使わない。また、過去の動作が修飾語になる場合もふつう"了"は使わない。

7 地震的时候她正好在家（里）。

Dìzhèn de shíhou tā zhènghǎo zài jiā (li).

過去のことでもそのときの状態（存在）を表し、発生・完了や変化に無関係な場合は"了"は用いない。

8 她建议周末去郊游。

Tā jiànyì zhōumò qù jiāoyóu.

提案した内容を引用するので"了"は使わない。

参考 老板要求今天全部做完。Lǎobǎn yāoqiú jīntiān quánbù zuòwán.
（上司は今日中に全部終わらせるように要求した。）

9 不吃了，再吃就难受了。

Bù chī le, zài chī jiù nánshòu le.

前半は「中止する」（食べないことにする）ということを表すので"不…了"を使う。後半も「〜になる」を表すので"了"が必要。「これ以上〜すると…になる」は"再〜就…了"で表す。「気持ちが悪い」は"不舒服"でもよい。

10 要放暑假了。

Yào fàng shǔjià le.

変化を表すので文末に"了"を使う。"就要放暑假了""快要放暑假了"とも言える。"马上就要放暑假了"のように前にさらに"马上 mǎshàng"（すぐ）を加えてもよい。これらは近未来を表すパターンとして覚えておこう。

助詞 "了" ＋ α

書き言葉と比べて、話し言葉では文末の"了"が圧倒的に多く使われています。たとえば「彼女は映画を見たあと、またデパートに買い物に行った」ということを表す場合について見てみましょう。書き言葉において場面の中の一節として描写するときは、動詞のあとの"了"（〜した）で文が成立します。

她看完电影又去百货商店买了东西。
Tā kànwán diànyǐng yòu qù bǎihuò shāngdiàn mǎile dōngxi.

しかし、同じ出来事であっても、話し言葉においては発話時の状況を1つの情報として相手に伝えるため、文末の"了"（〜ということになった）を使って文を完結させるのがふつうです。

她看完电影又去百货商店买东西了。

2 助詞 "着"

"关着"（閉まっている）、"拿着"（持っている）のように動詞の後ろに置いて状態の持続を表す助詞です。なお、この［動詞＋"着"］が文の中でほかの語句と結びつくことで、「持続状態」を表すさまざまな表現ができます。

"着" のおもな用法

◉持続する状態を描写する。

門关着。　　　　　　　　（ドアが閉まっている。）
Mén guānzhe.

手里拿着报纸。　　　　　（手に新聞を持っている。）
Shǒu li názhe bàozhǐ.

◉指示や命令または注意するときに使う。

你站着！　　　　　　　　（立っていなさい!）
Nǐ zhànzhe !

你看着点儿路！　　　　　（ちゃんと道を見ていなさい!）
Nǐ kànzhe diǎnr lù !

◉［動詞＋"着"］を別の動詞句の前に置いて、ある動作が行われる状態や手段を表す。

我走着去。　　　　　　　（私は歩いて行く。）
Wǒ zǒuzhe qù.

◉［動詞＋"着"］のあとに形容詞的な語句を置いて、ある状態や方式を通して「ある感覚を覚える」ということを表す。

站着很累。　　　　　　　（立っていると疲れる。）
Zhànzhe hěn lèi.

◉"〜着〜着…"の形で、ある動作の持続中に別のことが起こるということを表す。

走着走着, 突然下起雨来。　（歩いているうち、いきなり雨が降り出した。）
Zǒuzhe zǒuzhe, tūrán xiàqi yǔ lai.

持続状態に対する否定は、動詞の前に"没(有)"を用い、動詞のあとに"着"をつけてもつけなくてもよい。

門没(有)关(着)。　　　　（ドアが閉まっていない。）
Mén méi(you) guān(zhe).

練習1 空欄に合う語句を【 】から選んで書き入れましょう。

【 躺着 放着 挂着 站着 跑着跑着 穿着 等着 坐着 微笑着 】

1 学生们（　　　　　），老师（　　　　　）。
Xuéshengmen（　　），lǎoshī（　　）.
学生たちは座っていて、先生は立っている。

2 墙上（　　　　　）一幅世界地图。
Qiáng shàng（　　）yì fú shìjiè dìtú.
壁に世界地図がかかっている。

3 他总是（　　　　　）一双运动鞋。
Tā zǒngshì（　　）yì shuāng yùndòngxié.
彼はいつもスニーカーを履いている。

4 你在这儿（　　　　　），我马上回来。
Nǐ zài zhèr（　　），wǒ mǎshàng huílai.
ここで待っていなさい。すぐ戻るから。

5 他（　　　　　）说："别在意"。
Tā（　　）shuō: "Bié zàiyì".
彼はほほえみながら「気にしないで」と言った。

6 他（　　　　　），不小心摔倒了。
Tā（　　），bù xiǎoxīn shuāidǎo le.
彼は走っていたところ、不注意で転んだ。

7 （　　　　　）真舒服啊！
（　　）zhēn shūfu a！
横になっていると気持ちいいね！

8 桌子上没（　　　　　）任何东西。
Zhuōzi shàng méi（　　）rènhé dōngxi.
机の上には何も置いていない。

練習2 右の語句をヒントに、［動詞＋"着"］を使って日本語を中国語に訳しましょう。

1 みんなは静かに聞いている。

静静地
jìngjìng de

2 2階の電気がまだついているよ。

灯
dēng
亮
liàng

3 紙に買いたいものが書いてある。

4 私はエアコンをつけたまま寝るのが好きだ。

开
kāi
空调
kōngtiáo

5 あの赤いセーターを着ている女の子はだれ？

毛衣
máoyī
女孩儿
nǚháir

6 この花は（嗅いでみると）いい匂いがする。

闻
wén
香
xiāng

7 彼はイヤホンをして音楽を聴いている。

戴
dài
耳机
ěrjī

8 ちゃんと覚えていて。絶対に忘れないでよ！

记
jì
千万
qiānwàn

1 学生们 (坐着)，老师 (站着)。

Xuéshengmen (zuòzhe), lǎoshī (zhànzhe).

人の持続している姿勢を表す場合は"着"を使う。

参考 躺着 tǎngzhe（横たわっている）/ 蹲着 dūnzhe（しゃがんでいる）

2 墙上 (挂着) 一幅世界地图。

Qiáng shàng (guàzhe) yì fú shìjiè dìtú.

ある場所にあるものが存在するということを表す存在文。動作動詞のあとに"着"を
つけることによって動作のあとに残されている物の状態を具体的に表すことになる
（→p.66 存現文）。

3 他总是 (穿着) 一双运动鞋。

Tā zǒngshì (chuānzhe) yì shuāng yùndòngxié.

日本語の「～ている」は状態と進行の両方を表せるが、中国語では状態と進行の言い
方は違うので要注意（→p.45）。

参考 他正在穿鞋。（彼はちょうど靴を履いているところだ。）
この文は「履く」動作が進行中であることを表している。

4 你在这儿 (等着)，我马上回来。

Nǐ zài zhèr (děngzhe), wǒ mǎshàng huílai.

[(2人称＋)動詞+"着"]で、相手に「(ある状態に)いなさい」「～していなさい」と
いう命令や指示などを表すことができる。

参考 你坐着, 别乱动! Nǐ zuòzhe, bié luàn dòng !
（じっと座っていなさい。動かないで！）

5 他 (微笑着) 说："别在意"。

Tā (wēixiàozhe) shuō: "Bié zàiyì".

[動詞1＋"着"＋動詞2] という形で、動詞1は動詞2の行われる状態や手段・方式を表す。

6 他 (跑着跑着)，不小心摔倒了。

Tā (pǎozhe pǎozhe), bù xiǎoxīn shuāidǎo le.

ある動作の持続中に、予想外に別のことが起こったということを表す場合、[動詞
+"着"]を重ねてその持続中の動作を表す。

参考 写着写着, 电脑死机了。Xiězhe xiězhe, diànnǎo sǐjī le.
（書いていたところ、パソコンがフリーズした。）

第1章

7 （ 躺着 ）真舒服啊！

(Tǎngzhe) zhēn shūfu a !

「横になるという姿勢（状態）が気持ちよく感じる」ということ。[動詞＋"着"＋形容詞フレーズ] の形で、ある状態や方式を通して「ある感覚を覚える」ということを表し、事物の性質に対して評価するときに使う。

参考 坐着不累。Zuòzhe bú lèi. （座っていれば疲れない。）

8 桌子上没 （ 放着 ）任何东西。

Zhuōzi shàng méi (fàngzhe) rènhé dōngxi.

"桌子上没放任何东西。"でも同じ意味。持続状態に対する否定は動詞の前に"没 (有)"を用い、動詞のあとに"着"をつけてもつけなくてもよい。

練習2 解答例と解説

1 大家静静地听着。

Dàjiā jìngjìng de tīngzhe.

動詞のあとに"着"をつけて持続している動作を静止画のように描写する。おもに書き言葉に使われる。

2 二楼的灯还亮着呢。

Èr lóu de dēng hái liàngzhe ne.

ある持続している状態を表す。日常の話し言葉にも、ふつうに使われる。"亮着" は "开着" とも言える。「～しているよ」と現在の状態を伝える場合は文末に "呢" をつける。

参考 汽车在路边停着。Qìchē zài lùbiān tíngzhe. （車が道端に止まっている。）
猫在椅子上趴着。Māo zài yǐzi shàng pāzhe.
（ネコがイスの上に腹ばいになっている。）

3 纸上写着要买的东西。

Zhǐ shàng xiězhe yào mǎi de dōngxi.

存在を表す存現文を使う（→p.66 存現文）。[場所＋動詞＋"着"＋存在するもの] という順になる。日常的に使われる文型。"纸" の後ろに場所を表す "上" を忘れないように。"要" の代わりに "想" を使ってもよい。

4 我喜欢开着空调睡觉。

Wǒ xǐhuan kāizhe kōngtiáo shuìjiào.

"开着空调" は "睡觉" の方式を表すので [動詞1＋"着"＋動詞2] という順になる。"睡觉" は "睡" だけでもよい。

5 那个穿（着）红毛衣的女孩儿是谁？

Nàge chuān(zhe) hóng máoyī de nǚháir shì shéi？

持続状態が名詞の修飾語になる例。"着" がなくても成立する。

6 这个花儿闻着很香。

Zhège huār wénzhe hěn xiāng.

花の性質に対する評価を表す。"闻" という手段を通して、"香" という感覚を覚えるということ。[動詞＋"着"＋形容詞フレーズ] という順になる。

7 他戴着耳机（正在）听音乐呢。

Tā dàizhe ěrjī (zhèngzài) tīng yīnyuè ne.

"戴着耳机" は "听音乐" の方式を表す。"他正在戴着耳机听音乐呢。" とも言える。また "他戴着耳机，听着音乐。" は描写文の中の一節として使えるが、会話の中ではふつう使わない。

8 你好好儿记着，千万别忘了！

Nǐ hǎohāor jìzhe, qiānwàn bié wàng le！

指示を表す。相手がずっと「覚えている」状態にいてほしいということ。"你" は省略してもよい。「忘れないで」はふつう "别忘了" のように、"了"（「～してしまう」という意味）をつける。

助詞 "着" ＋α

"着" は基本的には状態の持続を表し、静止画のような描写を表す文はその典型的な例です。

　　门关着。（ドアが閉まっている）

　　墙上挂着一幅世界地图。（壁に世界地図がかかっている）

　　猫在椅子上趴着。（ネコがイスの上に腹ばいになっている）

"慢慢地走着""静静地听着" のように進行している動作を表す言い方もありますが、おもに文学作品の中で場面描写をするときに使われ、実際の会話ではあまり用いられません。

日常会話において進行中の出来事を伝える場合は "在""正在""呢" などを用い、"着" は使いません。ただし、"呢" や "正" を付け加えれば使えるようになります。

　　○　爸爸在看书。　　×　爸爸看着书。　　○　爸爸看着书呢。

　　○　外边正在下雨呢。　×　外边下着雨。　　○　外边正下着雨呢。

一番右の言い方は、単に事実を伝えるというより「お父さんは本を読んでいる（ので邪魔をしないで）」「雨が降っている（から今は出かけられない）」のように、さらに言いたいことが含まれる場合が多いです。

離合詞

"见面"（顔を見る＝会う）のような［動詞＋目的語］という構造からできた2音節の動詞を「離合詞」と言います。文法的には［動詞＋目的語］フレーズのように働き、動詞部分と目的語部分を離して、その間にさまざまな語句を入れることができます。

よく使う離合詞

帮忙 bāng//máng（手伝う）
点头儿 diǎn//tóur（うなずく）
见面 jiàn//miàn（会う）
聊天儿 liáo//tiānr（雑談する）
请客 qǐng//kè（招待する、おごる）
生病 shēng//bìng（病気になる）
说话 shuō//huà（話をする）
洗澡 xǐ//zǎo（入浴する）
游泳 yóu//yǒng（泳ぐ）

吵架 chǎo//jià（けんかする）
挥手 huī//shǒu（手を振る）
结婚 jié//hūn（結婚する）
请假 qǐng//jià（休みをもらう）
散步 sàn//bù（散歩する）
生气 shēng//qì（怒る）
跳舞 tiào//wǔ（踊る）
下课 xià//kè（授業が終わる）
照相 zhào//xiàng（写真を撮る）

我 跟她 见过 一次 面。　（彼女に一度会ったことがある。）
Wǒ gēn tā jiànguo yí cì miàn.

今天 游了 两个小时 泳。　（今日は2時間泳いだ。）
Jīntiān yóule liǎng ge xiǎoshí yǒng.

離合詞のポイント

◉離合詞は［動詞＋目的語］の構造なので "(×)我见面她" のように、原則として後ろにさらに目的語を取ることはできない。動作の相手や受け手は、その動作の性質によって "我跟她见面" のように動詞の前に置いたり、または "我帮她忙" のように、［動詞＋目的語］構造の間に挟んだりします。

◉動詞の助詞 "了" "过" "着"、補語成分、連体修飾成分は "见过一次面" "说完话" "游了两个小时泳" "洗冷水澡" のように動詞部分と目的語部分の間に入れる。

◉様態補語を伴う場合、"她起床起得很早" のように動詞部分を繰り返し、補語成分をその後ろに置く（→p.128 様態補語）。

◉辞書では動詞部分と目的語部分のピンインの間に［//］があり、"见面 jiàn//miàn" のように表記される。

練習1 日本語を参考にして、離合詞（下線の付いた語）の使い方に
注意しながら語句を並べ替えましょう。

[1] 彼女は友達と雑談するのが大好きだ。

<u>聊天儿</u> / 她 / 喜欢 / 非常 / 跟 / 朋友
liáotiānr　　tā　　xǐhuan　　fēicháng　　gēn　　péngyou

[2] 毎日夕飯のあと、しばらくの間、散歩をする。

<u>散步</u> / 以后 / 晚饭 / 一会儿 / 每天
sànbù　　yǐhòu　　wǎnfàn　　yíhuìr　　měitiān

[3] 今日、授業が終わったら早く家に帰らなければならない。

<u>下课</u> / 今天 / 得 / 我 / 回家 / 赶快 / 了
xiàkè　　jīntiān　　děi　　wǒ　　huí jiā　　gǎnkuài　　le

[4] 彼女は踊りがとても上手い。

<u>跳舞</u> / 很 / 得 / 她 / 好
tiàowǔ　　hěn　　de　　tā　　hǎo

[5] お風呂から上がったら、冷やした缶ビールを1本飲んだ。

<u>洗澡</u> / 冰啤 / 一 / 罐儿 / 喝 / 完 / 了
xǐzǎo　　bīngpí　　yī　　guànr　　hē　　wán　　le

[6] 彼は会社に3日間の休みを申請した。

<u>请假</u> / 三天 / 他 / 向 / 公司 / 了
qǐngjià　　sān tiān　　tā　　xiàng　　gōngsī　　le

[7] ちょっと手伝ってくれる？

<u>帮忙</u> / 一下 / 你 / 我 / 能不能 / ?
bāngmáng　　yíxià　　nǐ　　wǒ　　néng bu néng

[8] 彼は満足そうにうなずいた。〔動詞の重ね型を使うこと〕

<u>点头儿</u> / 满意地 / 了 / 他
diǎntóur　　mǎnyì de　　le　　tā

1 彼はまた弟とけんかした。　【吵架】

2 君は水泳が上手い？　【游泳】

3 彼は言うことを聞かないので、お母さんは彼を怒った。　【生气】　听话
ting//huà

4 今日は1日アルバイトをしてとても疲れた。　【打工】

5 彼は2回結婚したことがある。　【结婚】

6 彼はとても元気で、病気になったことはない。　【生病】　健康
jiànkāng

7 最近とても忙しくて、毎日4、5時間しか寝られない。　【睡觉】

8 彼は遠くから私たちに向かってちょっと手を振った。　【挥手】　远处
yuǎnchù

9 彼は写真を1枚撮ってくれた。　【照相】

1 **她非常喜欢跟朋友聊天儿。**

Tā fēicháng xǐhuan gēn péngyou liáotiānr.

"聊天儿"（雑談する）のような双方が同じ動きを取って完成させる動作の場合、動作の相手を前置詞 "跟" や "和" を伴って動詞の前に置く。"聊天儿朋友" とは言えない。

参考 跟他结婚（彼と結婚する）/ 跟学生谈话 tán//huà（学生と話す）

2 **每天晚饭以后散一会儿步。**

Měitiān wǎnfàn yǐhòu sàn yíhuìr bù.

持続時間 "一会儿"（数量補語）を離合詞 "散步" の動詞部分 "散" と目的語部分 "步" の間に入れる。

3 **今天下了课我得赶快回家。**

Jīntiān xiàle kè wǒ děi gǎnkuài huí jiā.

完了「〜終わったら」を表す助詞 "了" を離合詞 "下课" の動詞部分 "下" の直後に置く（→p.34 助詞 "了"）。

4 **她跳舞跳得很好。**

Tā tiàowǔ tiàode hěn hǎo.

様態補語を伴う場合、動詞部分 "跳" を繰り返し、補語成分 "得很好" をその後ろに置く。

5 **洗完澡喝了一罐儿冰啤。**

Xǐwán zǎo hēle yí guànr bīngpí.

完了を表す結果補語 "完" を動詞部分 "洗" の直後に置く。"(×)洗澡完了" とは言えない（→p.98 結果補語）。

6 **他向公司请了三天假。**

Tā xiàng gōngsī qǐngle sān tiān jià.

"了" と数量詞を伴う例。数量詞 "三天" は目的語部分 "假" の修飾語で "假" の前に置く。目的語に数量詞を伴う場合、"了" を動詞部分の直後に置く。

7 **你能不能帮我一下忙？**

Nǐ néng bu néng bāng wǒ yíxià máng？

"帮忙" のような一方的な動作の場合、動作の受け手 "我" を動詞部分 "帮" と目的語部分 "忙" の間に入れるのが一般的。"(×)帮忙我" とは言えない。また、数量表現を伴う場合、目的語部分の前に置き、[動詞＋受け手＋数量＋目的語] という順になる。

第1章

"你能不能帮一下我的忙?"とも言えるが、この場合、"我"は"忙"の連体修飾語となり、語順は［動詞＋数量＋受け手＋"的"＋目的語］となる。

参考 我请你们(的)客。(私が君たちを招待します。)

8 他满意地点了点头儿。

Tā mǎnyì de diǎnle diǎn tóur.

動詞の重ね型を使って「ちょっと」を表す場合、動詞部分だけを重ね"点点头儿"となる。"了"も伴う場合は"了"を"点了点头儿"のように重ね型の間に挟む。"点了一下头儿"も同じ意味。

参考 握握手 wòwo shǒu（握手する）/ 跑跑步 pǎopao bù（ジョギングをする）

練習 2 解答例と解説

1 他又跟弟弟吵架了。

Tā yòu gēn dìdi chǎojià le.

「けんか」は双方同じ動きを取って完成させる動作なので、動作の相手"弟弟"を前置詞"跟"や"和"を伴って動詞の前に置く。

2 你游泳游得好吗？

Nǐ yóuyǒng yóude hǎo ma？

"你游泳游得怎么样?"でもよい。様態補語を伴う場合、動詞部分（ここでは"游"）を繰り返す必要がある。

3 他不听话，妈妈生他(的)气了。

Tā bù tīnghuà, māma shēng tā (de) qì le.

「怒る」の受け手"他"を動詞部分と目的語部分の間に置く。"的"を伴うこともできる。

4 今天打了一天工，很累。

Jīntiān dǎle yì tiān gōng, hěn lèi.

助詞"了"と持続時間"一天"を動詞部分"打"と目的語部分"工"の間に入れる。"很累"は"非常累""累得不行""累死了"などでもよい（→p.134 程度補語）。

5 他结过两次婚。

Tā jiéguo liǎng cì hūn.

助詞"过"と回数"两次"を動詞部分"结"と目的語部分"婚"の間に入れる。

6 他很健康，从来没生过病。

Tā hěn jiànkāng, cónglái méi shēngguo bìng.

助詞 "过" を動詞部分 "生" と目的語部分 "病" の間に入れる。「したことはない」は "从来没〜过" で表す。

7 最近很忙，每天只能睡四五个小时觉。

Zuìjìn hěn máng, měitiān zhǐ néng shuì sì wǔ ge xiǎoshí jiào.

動作の持続時間を動詞部分 "睡" と目的語部分 "觉" の間に入れる。"只能睡四五个小时" のように離合詞を使わない言い方もできる。

8 他在远处向我们挥了挥手。

Tā zài yuǎnchù xiàng wǒmen huīle huī shǒu.

動詞の重ね型を使って「ちょっと」を表す場合、動詞部分 "挥" だけを重ね、動作の完了を表す "了" を "挥了挥" のように重ね型の間に挟む。"挥了一下手" でも可。ジェスチャーの向かう対象を表す前置詞 "向" を用いて動作の対象を動詞の前に置くことが多い。

参考 向他鞠躬 jū//gōng（お辞儀をする）/ 向他招手 zhāo//shǒu（手招きする）

9 他给我照了一张相。

Tā gěi wǒ zhàole yì zhāng xiàng.

数量詞 "一张" 目的語部分の前に置く。"我" は動作の受益者として前置詞 "给" を用いて動詞の前に置く（「〜してくれる」「〜してあげる」を表す場合、"给我" "给你" を使うのが一般的）。

離合詞 ＋α

さらなる離合詞の例

放假 fàng//jià	新年你们放几天假？（新年は何日間の休みがあるの？）
理发 lǐ//fà	我去理一下发。（ちょっと散髪に行く。）
吃惊 chī//jīng	他吃了一惊。（彼はびっくりした。）
出事 chū//shì	好像出什么事了。（事故が起こったらしい。）
住院 zhù//yuàn	她住了一个多月院。（彼女は1か月ちょっと入院した。）
让座 ràng//zuò	应该给孕妇让座。（妊婦に席を譲るべきだ。）

目的語を取れる離合詞

数は多くないが、次のように後ろに目的語を取れる離合詞もある。

担心她的身体（彼女の健康を心配する）
感恩父母（親の恩に感謝する）
挑战奥运会纪录（オリンピック記録に挑戦する）

第 **2** 章
特殊な構文

　連続して行われる動作を表す連動文、人に指示や依頼をして「させる」「してもらう」ことを表す兼語文、存在・出現・消失を表す存現文、特定の事物に対する「処置」を表す "把" 構文、受けた「被害」に着目する受身文など、中国語には特有の構文・表現があります。

　学習するにあたって大切なのは、話者の意図や視点などを理解した上で文型、特に語順を覚えることです。主語や目的語が特定のものを表すのか、それとも不特定のものを表すのか、また、よく使われる動詞や前置詞が何かなども重要なポイントになります。

連動文

連動文とは？

1つの主語に対して2つ以上の動詞（フレーズ）を連ね、前後して起こる動作、動作が引き起した結果、または動作の手段や目的などを表す文を「連動文」と言います。

基本文型

主語 ＋ 動詞（フレーズ）1 ＋ 動詞（フレーズ）2

她　去超市　买东西。（彼女はスーパーに買い物に行く。）
Tā　qù chāoshì　mǎi dōngxi.

1) 動詞1と動詞2が前後して起こる動作を表す
　　我 吃完饭 回宿舍。Wǒ chīwán fàn huí sùshè.
　　（私はご飯を食べたあと寮に帰る。）
2) 動詞2が動詞1の結果となる
　　她 看到信 哭了。Tā kàndào xìn kū le.
　　（彼女は手紙を見て泣いた。）
3) 動詞2が動詞1の目的となる
　　我 去银行 取钱。Wǒ qù yínháng qǔ qián.
　　（銀行に行ってお金を引き出す。）
4) 動詞1が動詞2の手段や状態を表す
　　他 一般 骑自行车 去上班。Tā yìbān qí zìxíngchē qù shàngbān.
　　（彼はふだん自転車で通勤する。）
5) 動詞1が"有"、動詞2は"有"の目的語に対して説明を加える
　　我们 有办法 解决这个问题。Wǒmen yǒu bànfǎ jiějué zhège wèntí.
　　（我々にはこの問題を解決する方法がある。）

"了" の位置

● 3）または4）の場合、"了"は動詞2のあと（または文末）に置く。
　　我 去银行 取钱 了。（私は銀行にお金を引き出しに行った。）
　　他 骑自行车 去上班 了。（彼は自転車に乗って会社に行った。）
● 1）または2）の場合、動詞1のあとに完了を表す"了"を置くこともできる。
　　他 吃 (完) 了饭 回宿舍 了。（彼はご飯を食べたあと寮に帰った。）

練習1 日本語を参考にして語句を並べ替え、文を完成させましょう。

1. 彼は電気を消して出ていった。
   灯 / 关上 / 他 / 了 / 出去
   dēng guānshàng tā le chūqu

2. 母親は郵便局に小包を出しに行った。
   寄 / 去 / 包裹 / 邮局 / 母亲 / 了
   jì qù bāoguǒ yóujú mǔqin le

3. 私はタクシーで駅に行く。
   去 / 我 / 车站 / 打车
   qù wǒ chēzhàn dǎchē

4. 私は空港に彼を迎えに行かない。
   我 / 他 / 去 / 接 / 不 / 机场
   wǒ tā qù jiē bù jīchǎng

5. ちょっと君に聞きたいことがある。
   你 / 一件 / 事 / 我 / 问问 / 有 / 想
   nǐ yí jiàn shì wǒ wènwen yǒu xiǎng

6. 今年、彼は北京に帰って春節を過ごしたいと思っている。
   过 / 今年 / 春节 / 回北京 / 他 / 想
   guò jīnnián Chūnjié huí Běijīng tā xiǎng

7. 彼女はいつも筆を使って年賀状を書く。
   写 / 毛笔 / 她 / 用 / 贺年片 / 总是
   xiě máobǐ tā yòng hèniánpiàn zǒngshì

8. 夏に彼はよく窓を開けたまま寝る。
   睡觉 / 他 / 窗户 / 开 / 常常 / 着 / 夏天
   shuìjiào tā chuānghu kāi chángcháng zhe xiàtiān

練習2 右の語句をヒントに、日本語を中国語に訳しましょう。

1 私は彼の話を聞いて笑った。

话
huà
听到
tīngdào

2 私は王さんを訪ねてちょっと相談したい。

找
zhǎo
商量
shāngliang

3 この野菜はふつう炒めて食べる。

菜
cài
炒
chǎo

4 君は参加する資格がある。

资格
zīgé

5 李先生は昨日、私を見舞いに病院に来た。

看
kàn

6 私には家を買うお金がない。

房子
fángzi

7 彼はポケットから携帯電話を取り出して写真を1枚撮った。

口袋
kǒudai
拍照片
pāi zhàopiàn

8 肉を買いに行って餃子を作りたい。

肉
ròu
包
bāo

1 他关上灯出去了。

Tā guānshàng dēng chūqu le.

前後して起こる動作は時間順（動作の起こる順）に並べていく。"了"は動詞2の後ろに置く。ただし、動作1の完了後に動作2が起こったので、"他关了灯出去了。"のように動詞1の後ろに結果補語の代わりに完了を表す"了"を使うこともできる（"了"と補語を同時に使ってもよい）。

2 母亲去邮局寄包裹了。

Mǔqin qù yóujú jì bāoguǒ le.

目的を表す連動文も時間順に並べる。まず郵便局に着いてから"寄包裹"という目的を実現するので［"去"→場所→目的］という順になる。目的や手段を表す連動文では動詞1の後ろには"了"を置けない。

3 我打车去车站。

Wǒ dǎchē qù chēzhàn.

手段を表す場合も語順は時間の順に従う。手段はあらかじめ決まったことなので動詞1になる。順番を逆にして"我去车站打车。"と言うと、「駅に行ってタクシーに乗る」という意味になってしまうので要注意。

4 我不去机场接他。

Wǒ bú qù jīchǎng jiē tā.

"接他"は"去机场"の目的なので［"去"→場所→目的］という順になる。否定語"不"は"去机场接他"の全体を打ち消すので、その前に置く。

5 我有一件事想问问你。

Wǒ yǒu yí jiàn shì xiǎng wènwen nǐ.

"有"を用いる連動文。まず動詞1の"有"で「何かがある」と伝え、さらにその「何か」について動詞2で説明するという順になる。"有"の目的語となる名詞はほかに"问题""责任""理由""方法""资格""自信""时间"など。抽象的なものが多い。

6 今年他想回北京过春节。

Jīnnián tā xiǎng huí Běijīng guò Chūnjié.

"想"は［移動＋目的］の全体にかかるので動詞1の前に置く。同様に、状態を表す場合も"想开着窗户睡觉。"（窓を開けたまま寝たい）のように動詞1の前に置く。ただし、"吃了饭想休息一会儿。"（ご飯を食べたらちょっと休みたい）のように前後して行う別々の動作の場合は、"想"を動詞2の前に置くこともありうる。

第2章

7 她总是用毛笔写贺年片。

Tā zǒngshì yòng máobǐ xiě hèniánpiàn.

手段を表す動詞は動詞1になる（この"用"を前置詞に分類する辞書もある）。

参考 用汉语说（中国語で話す）/ 用筷子吃　yòng kuàizi chī（お箸で食べる）

8 夏天他常常开着窗户睡觉。

Xiàtiān tā chángcháng kāizhe chuānghu shuìjiào.

「窓を開ける」という動作が先に起き、それから開けたままの状態で「寝る」ということ。状態を表す動詞は"着"を伴うことが多い。

練習2 解答例と解説

1 我听到他的话笑了。

Wǒ tīngdào tā de huà xiào le.

結果を表す"笑"は動詞2になる。"听(到)了他的话笑了。"のように動詞1のあとに完了を表す"了"を使うこともできる。

2 我想找小王商量商量。

Wǒ xiǎng zhǎo Xiǎo Wáng shāngliang shāngliang.

目的を表す"商量商量"は動詞2になる。"商量一下"でもよい。"想"は"找"と"商量"両方にかかるので、動詞1の前に置く。

3 这个菜一般炒着吃。

Zhège cài yìbān chǎozhe chī.

"炒"は"吃"の方式なので"吃"の前に置く。方式を表す動詞1が目的語を伴わない場合、"着"が必要。動詞1と動詞2をそのまま続けることはできない。

4 你有资格参加。

Nǐ yǒu zīgé cānjiā.

"有"の連動文を使う。まず「資格がある」と言っておいて、さらにどういう資格かを動詞2が説明する。ちなみに、同じ意味で"你有参加的资格。"という連動文でない言い方もできる。

5 李老师昨天来医院看我了。

Lǐ lǎoshī zuótiān lái yīyuàn kàn wǒ le.

「見舞う」は"看"を使う。"看望"でもよい。"看我"は"来医院"の目的なので"来医院"の後ろに置く。

6 我没有钱买房子。

Wǒ méiyou qián mǎi fángzi.

"有"の連動文を使う。"有"の否定形"没有"が動詞1になる。"我没有买房子的钱。"とも言える。

7 他从口袋里拿出手机拍了一张照片。

Tā cóng kǒudai li náchu shǒujī pāile yì zhāng zhàopiàn.

「携帯電話を取り出す」→「写真を撮る」という時間順に並べる。「取り出す」は"拿出来""掏出来tāochulai"でもよい。「写真を1枚撮った」は"照了一张照片""照了一张相"などでもよい。

8 我想去买肉包饺子。

Wǒ xiǎng qù mǎi ròu bāo jiǎozi.

3つの動作が連なる例。目的を表す場合も時間順で並べていくので「行く」→「肉を買う」→「餃子を作る」という順になる。「餃子を作る」は"做饺子"とも言える。

連動文 ＋α

◉動詞2の位置に形容詞を使い、動詞1の動作によって引き起こされた感情などを表すことができます。

大家听了都很高兴。Dàjiā tīngle dōu hěn gāoxìng.
（みんなはそれを聞いて喜んだ。）

她知道了肯定会难过的。Tā zhīdaole kěndìng huì nánguò de.
（彼女は知ったらきっと悲しむ。）

◉動詞2に否定形を使い、動詞1の動作の意味をさらに強化することもできます。

他抓住我的手不放。Tā zhuāzhù wǒ de shǒu bú fàng.
（彼は私の手をしっかりとつかんで離さなかった。）

他躺在床上不起来。Tā tǎngzài chuáng shàng bù qǐlái.
（彼はベッドに寝そべったまま起きようとしない。）

兼語文とは？

"公司叫他去中国。"（会社は彼を中国に行かせる）という文において、"他" は "叫"（させる）の目的語であると同時に、"去中国" の主語でもあります。このように前の動詞の目的語が後ろの動詞の主語を兼ねる文を「兼語文」と言います。おもに「AはBに〜させる」「AはBに〜してもらう」ということを表すときに使います。

基本文型

A（主語）　＋　動詞1　＋　B（兼語）　＋　動詞2

公司　　叫　　他　去中国。（会社は彼を中国に行かせる。）
Gōngsī　jiào　tā　qù Zhōngguó.

◉動詞1によく使われる語には次のようなものがある。

叫/让：「ある動作をさせる」や「ある状態や感情を生じさせる」など、一般に「させる」を表し、もっとも幅広く使われる使役動詞。

　　　他常叫/让学生背课文。Tā cháng jiào / ràng xuésheng bèi kèwén.
　　　（彼はよく学生に本文を暗唱させる。）
　　　这件事叫/让他很为难。Zhè jiàn shì jiào / ràng tā hěn wéinán.
　　　（このことは彼を困らせた。）

使：「ある状態や感情を生じさせる」ということを表す場合に使う。

　　　她的话使他很尴尬。Tā de huà shǐ tā hěn gāngà.
　　　（彼女の言葉は彼に気まずい思いをさせた。）

请：丁寧に頼むとき、または「招く」「もてなす」などを表す場合に使う。

　　　我请邻居帮助我。Wǒ qǐng línjū bāngzhù wǒ.
　　　（近所の人に手伝ってもらう。）

有：おもに「〜する人がいる」という "有" の兼語文を作る。

　　　他有一个弟弟在美国留学。Tā yǒu yí ge dìdi zài Měiguó liúxué.
　　　（彼にはアメリカに留学している弟がいる。）

ほかに "派 pài"（派遣する）、"托 tuō"（託する、頼む）、"劝 quàn"（説得する）、"催 cuī"（催促する）、"建议 jiànyì"（提案する）、"要求 yāoqiú"（要求する）、"命令 mìnglìng"（命ずる）、"嘱咐 zhǔfù"（言いつける）などがあり、抽象的な "让""叫" と比べてより実質的な意味を表すが、"让""叫" に言い換えても通じる場合が多い。

練習1 日本語を参考にして、空欄に適切な語を入れましょう。正解は
1つとは限りません。

① 我（　　　）他去买鸡蛋了。

Wǒ (　　) tā qù mǎi jīdàn le.

私は彼に卵を買いに行かせた。

② 公司（　　　）我去大阪出差。

Gōngsī (　　) wǒ qù Dàbǎn chūchāi.

私は大阪に出張するよう会社に言われた。

③ 我想（　　　）王老师给我改一下文章。

Wǒ xiǎng (　　) Wáng lǎoshī gěi wǒ gǎi yíxià wénzhāng.

私は王先生にちょっと文章を直してくださるよう頼みたい。

④ 他经常（　　　）同事们来家里吃饭。

Tā jīngcháng (　　) tóngshìmen lái jiā li chī fàn.

彼はよく同僚たちを自宅へ招いてごちそうする。

⑤ 这个好消息（　　　）大家很兴奋。

Zhège hǎo xiāoxi (　　) dàjiā hěn xīngfèn.

このいいニュースは皆を興奮させた。

⑥ 请（　　　）我试一下。

Qǐng (　　) wǒ shì yíxià.

ちょっと試させてください。

⑦ 妻子不（　　　）他在家里吸烟。

Qīzi bù (　　) tā zài jiā li xī yān.

妻は彼に家の中でタバコを吸わせない。

⑧ （　　　）我们班的刘燕唱一首歌儿吧。

(　　) wǒmen bān de Liú Yàn chàng yì shǒu gēr ba.

うちのクラスの劉燕さんに1曲歌ってもらおう。

61

1 彼女はよく子どもに家事をさせる。

做家务
zuò jiāwù

2 ご両親はあなたを外泊させてくれますか？

外边
wàibian
过夜
guò//yè

3 彼女は今回の活動に参加するように私を説得した。

活动
huódòng

4 図書館は私にあの本を返すよう催促している。

还
huán

5 医者は父にお酒を飲まないよう言っている。

医生
yīshēng

6 私には諸葛という姓の同級生がいる。

7 私は陳先生に頼んでみなに伝えてもらう。

转告
zhuǎngào

8 この写真は私に子ども時代を思い出させた。

想起
xiǎngqǐ
小时候
xiǎo shíhou

9 私たちの学校では彼の名前を知らない人はいない。

① 我 (叫 / 让) 他去买鸡蛋了。

親しい人に指示や依頼をする場合、ふつう "叫" か "让" を使う。指示通りに動作（ここでは "买鸡蛋"）を実行した場合は、文末または動詞2のあとに "了" をつける。

② 公司 (叫 / 让) 我去大阪出差。

この文のように、兼語文は「～するように言う」と訳したほうがより自然な場合が少なくない。目下の人に指示する場合、"让" か "叫" を使うが、ここでは上司などの命令による派遣なので "派" も使える。「行くように言われた」だけで、まだ実行していないので "了" は不要。

③ 我想 (请) 王老师给我改一下文章。

丁寧に頼むことを表す場合は "请" を使う。

④ 他经常 (请) 同事们来家里吃饭。

「招く」や「もてなす」を表す場合も "请" を使う。
参考 我想请她看电影。（私は彼女を映画に招待したい。）

⑤ 这个好消息 (使) 大家很兴奋。

ある種の感情を生じさせることを表す場合、"使" "让" "叫" のいずれも使えるが、"让" "叫" はより話し言葉的な表現。

⑥ 请 (让) 我试一下。

"叫" も使えるが、"让" は本来「許して～させてあげる」というニュアンスがあるので、このような「自分に～させてください」（英語の "Let me…"）という意味を表す場合により適している。
参考 让我看看。（ちょっと見せて。）
　　　 请让我说两句。（ひとこと言わせてください。）

⑦ 妻子不 (让) 他在家里吸烟。

「～するのを許さない」ということなので "让" が最適。否定を表す "不" は動詞1 "让" などの前に置く。

⑧ (请 / 叫 / 让) 我们班的刘燕唱一首歌儿吧。

対等な関係にある人に対し、丁寧に頼む場合は "请" を使う。親しい友人の場合は "让" "叫" でもよい。

第2章

1 她常让孩子做家务。

Tā cháng ràng háizi zuò jiāwù.

目下の人に「させる」という意味なので "让" か "叫" を使う。

2 你父母让不让你在外边过夜？

Nǐ fùmǔ ràng bu ràng nǐ zài wàibian guòyè？

「許可するかどうか」という意味なので "让" が最適。使役動詞で "让不让" のように反復疑問文を作ることができる。"你父母让你在外边过夜吗?" でも問題ない。

3 她劝我参加这次活动。

Tā quàn wǒ cānjiā zhè cì huódòng.

「説得する」は "劝" を使うが、"让" "叫" にも言い換えられる。「〜するように説得した」は「〜するように言った」というのと同様で、一種の間接話法として考えてもよい。こういう場合は "了" は不要（→p.34）。

4 图书馆催我还那本书。

Túshūguǎn cuī wǒ huán nà běn shū.

「催促している」という意味なので "催" を使う。"让" "叫" に言い換えることもできる。"催促cuīcù" も使えるが、より書き言葉的な表現になる。

5 医生不让父亲喝酒。

Yīshēng bú ràng fùqin hē jiǔ.

"医生叫/让父亲别喝酒。" とも言える。"不让" のほうが「させない」「許さない」というニュアンスが強いのに対し、"叫/让…别〜" は「〜しないように言う」という間接話法になる。動詞2の前に使う否定語は "别" か "不要" で、"不" は使えない。

6 我有一个同学姓诸葛。

Wǒ yǒu yí ge tóngxué xìng Zhūgě.

"有" の兼語文を使って動詞2には "姓" を用いる。"我有一个姓诸葛的同学。" とも言える。

7 我请陈老师转告大家。

Wǒ qǐng Chén lǎoshī zhuǎngào dàjiā.

丁寧に頼む場合は "请" を使うが、「伝言を託す」という意味では "托tuō" を使って "我托陈老师转告大家。" と言うこともできる。

8 这张照片使我想起了小时候。

Zhè zhāng zhàopiàn shǐ wǒ xiǎngqǐle xiǎo shíhou.

写真を見た結果として「思い出す」という心理活動が生じた。"使""让""叫"のいずれも使える。ここでは"我"が「兼語」になる。

9 (在)我们学校没有人不知道他的名字。

(Zài) wǒmen xuéxiào méiyou rén bù zhīdào tā de míngzi.

"有"の兼語文の否定形を使う。「〜しない…がいない」という二重否定の文になる。場所を表す言葉は文頭に置く場合、"在"を使わなくてもよい。

兼語文 ＋α

"令"について

"她的话使他很尴尬。"のような"使"を用いる兼語文は、"令 lìng"で言い換えることができますが、"令"のほうが文語的な表現になります。ただし、["令人"＋形容詞・心理動詞（おもに2音節）]という形は日常会話でもよく使われます。

令人感动 gǎndòng（感動させる）　　　令人失望 shīwàng（失望させる）
令人羨慕 xiànmù（羨ましがらせる）　　令人吃惊 chījīng（驚かせる）

もちろん"让人感动""叫人失望"のように"让""叫"に言い換えてもかまいません。

いろいろな兼語文

我们想选他当代表。Wǒmen xiǎng xuǎn tā dāng dàibiǎo.
（私たちは彼を代表に選びたい。）

学校组织学生们去郊游。Xuéxiào zǔzhī xuéshengmen qù jiāoyóu.
（学校は学生を組織して遠足に行く。）

她鼓励孩子们努力学习。Tā gǔlì háizimen nǔlì xuéxí.
（彼女は頑張って勉強するように子供たちを励ました。）

他们想发明一个机器人能做家务。Tāmen xiǎng fāmíng yí ge jīqìrén néng zuò jiāwù.
（彼らは家事ができるロボットを発明したがっている。）

3 存現文

存現文とは？

ある場所・時間に人や事物が存在・出現・消失することを表す文を「存現文」と言います。

基本文型

場所/時間 ＋ 動詞 ＋ 事物/人

椅子上　放着　一个书包。
Yǐzi shàng　fàngzhe　yí ge shūbāo.
（イスにかばんが置かれている。）

动物园里　来了　一只大熊猫。
Dòngwùyuán li　láile　yì zhī dàxióngmāo.
（動物園にジャイアントパンダが来た。）

船上　下去了　几位乘客。
Chuán shàng xiàqule　jǐ wèi chéngkè.
（船から数人の乗客が降りていった。）

这边今天　下　雪　了。
Zhèbiān jīntiān xià xuě le.
（こちらは今日雪が降った。）

存現文のポイント

●場所や時間を表す語は文頭にあり、存在・出現・消失する人や事物が動詞の後にある。日本語では主語になるものが動詞の後ろに来るので注意が必要。

●場所を表す語の前には "在" や "从" などの前置詞を用いる必要はないが、後ろには "上" や "里" などの方位詞を伴うことが多い。

●存在・出現・消失する人や事物はふつう不特定のもので、数量詞を伴うことが多い。

●存在を表す場合、動詞に持続状態を表す "着" を伴うのがふつう。ただし動詞が "有" の場合は "着" がつかない。

●出現や消失を表す場合、動詞（フレーズ）に方向補語や "了" を伴うことが多い。

練習1 日本語を参考にして語句を並べ替え、文を完成させましょう。

1 駅のとなりにスーパーがある。

旁边 / 超市 / 家 / 一 / 有 / 车站
pángbiān chāoshì jiā yī yǒu chēzhàn

2 本棚の上に地球儀が置いてある。

一 / 地球仪 / 放 / 个 / 着 / 上 / 书架
yī dìqiúyí fàng ge zhe shàng shūjià

3 エレベーターから何人かのお客が出てきた。

顾客 / 位 / 了 / 电梯 / 出来 / 几 / 里
gùkè wèi le diàntī chūlai jǐ li

4 昨夜雨が降った。

下雨 / 了 / 昨天 / 夜里
xià yǔ le zuótiān yèli

5 黒板に"欢迎新同学"という5文字が書かれている。

五 / 黑板 / 写 / 字 / 着 / "欢迎新同学" / 个 / 上
wǔ hēibǎn xiě zì zhe "huānyíng xīn tóngxué" ge shàng

6 南のほうから飛行機が飛んできた。

飞机 / 飞 / 一架 / 来 / 了 / 南边
fēijī fēi yí jià lái le nánbian

7 アルバムから写真が2枚なくなった。

照片 / 少 / 张 / 两 / 里 / 相册 / 了
zhàopiàn shǎo zhāng liǎng li xiàngcè le

8 今晩、家にお客さんが来る。

客人 / 家里 / 来 / 今晚
kèrén jiā li lái jīnwǎn

練習2 右の語句をヒントに、日本語を中国語に訳しましょう。

1 今朝また地震があった。

地震
dìzhèn
发生
fāshēng

2 ベンチに2人の若者が座っている。

长椅
chángyǐ
年轻人
niánqīngrén

3 ゴミ箱からネズミが1匹出てきた。

垃圾箱
lājīxiāng
老鼠
lǎoshǔ

4 寮から1人の学生が引越していった。

搬走
bānzǒu

5 玄関の前に子どもが2人しゃがんでいる。

门前
ménqián
蹲
dūn

6 ドアに「福」という字が逆さまに貼ってある。

倒
dào
贴
tiē

7 鼻に赤いできものができた。

疙瘩
gēda
长
zhǎng

8 動物園からサルが1匹逃げた。

逃走
táozǒu
猴子
hóuzi

1 车站旁边有一家超市。

Chēzhàn pángbiān yǒu yì jiā chāoshì.

存在を表す。[場所＋方位詞]＋[動詞]＋[数量詞＋存在する事物]という順になる。"有"
自体が一種の持続状態を表すので、さらに"着"をつける必要はない。

2 书架上放着一个地球仪。

Shūjià shàng fàngzhe yí ge dìqiúyí.

存在を表す。動詞（ここでは"放"）のあとに"着"をつけることによって、その動作
のあとに残されている状態を具体的に表すことができる。この文は"书架上有一个地
球仪。"のように"有"の文に言い換えられる。方位詞"上"は「上」または「表面」
を表し、「ドコドコに」と訳すことが多い。

3 电梯里出来了几位顾客。

Diàntī li chūlaile jǐ wèi gùkè.

出現を表す。[場所＋方位詞]＋[動詞＋方向補語＋"了"]＋[数量詞＋出現する人・もの]
という順になる。エレベーターの「中」から人が出てくるので方位詞"里"を使う。

4 昨天夜里下雨了。

Zuótiān yèli xià yǔ le.

存現文では自然現象を表すこともできる。[時間＋動詞＋出現する事物＋"了"]という
順になる。

> **参考** 刮风了 guā fēng le（風が吹きだした）/ 打雷了 dǎléi le（雷が鳴った）/
> 出太阳了 chū tàiyang le（太陽が出た）

5 黑板上写着"欢迎新同学"五个字。

Hēibǎn shàng xiězhe "Huānyíng xīn tóngxué" wǔ ge zì.

書かれた字が残っている状態を表すので動詞"写"のあとに"着"をつける。"黑板上
写着五个字：欢迎新同学。"とも言える。引用した内容を後ろに置く場合、「：」とい
う記号をつけるのがふつう。

6 南边飞来了一架飞机。

Nánbian fēilaile yí jià fēijī.

出現を表す。場所を表す語は方位詞（"南边"）なのでさらに"上"や"里"などをつけ
る必要はない。

第 2 章

69

7 相册里少了两张照片。

Xiàngcè li shǎole liǎng zhāng zhàopiàn.

消失を表す。[場所＋方位詞]＋[動詞＋"了"]＋[数量詞＋消失する人・もの] という順になる。本来の数から減少したという意味なので、「なくなった」には "少" を使う。わずかではあるが、こういう形容詞も存現文に使われる。

8 今晚家里来客人。

Jīnwǎn jiā li lái kèrén.

出現を表す。"来客人" は日常によくある1つの出来事として使うので特に数量を示さなくてもよいが、"一个" "两位" などを加えてもよい。

練習2 解答例と解説

1 今天早上又发生地震了。

Jīntiān zǎoshang yòu fāshēng dìzhèn le.

自然現象（出現）を表す。[時間＋動詞＋出現する事物＋"了"] という順になる。起こったことを1つの情報として伝え、目的語が数量詞を伴わない場合、"了" は文末に置く。数量詞を伴う場合は "又发生了一次地震" となる（→p.34）。

2 长椅上坐着两个年轻人。

Chángyǐ shàng zuòzhe liǎng ge niánqīngrén.

存在を表す。方位詞の "上" と助詞の "着" を忘れないように。「若いカップル」の場合、"一对年轻人" でもよい。

3 垃圾箱里出来了一只老鼠。

Lājīxiāng li chūlaile yì zhī lǎoshǔ.

出現を表す。ゴミ箱の「中」からということなので方位詞は "里" を使う。方向補語がある場合、"了" は省略してもよい（→p.104 方向補語）。

4 宿舍里搬走了一个学生。

Sùshè li bānzǒule yí ge xuésheng.

消失を表す。"走" は結果補語で「（ここから）出る/離れる」という意味で "搬出去了一个学生" のように方向補語の "出去" に言い換えられる。寮の「中」からという意味なので方位詞は "里" を使う。

5 门前蹲着两个孩子。

Ménqián dūnzhe liǎng ge háizi.

70

存在を表す。"前"は方位詞なので"上""里"は使わない。

参考 树下站着一个人。Shù xià zhànzhe yí ge rén. （木の下に人が立っている。）

6 门上倒贴着 (一个)"福"字。

Mén shàng dào tiēzhe (yí ge) "fú" zì.

ドアの表面に付着しているので方位詞は"上"を使う。"倒"（逆さまに）は修飾語として動詞の前に置く。中国では"福"の字を逆さまに貼ることによって「福が来る」ことを願う風習がある（"倒福"と"到福"「福が来る」が同じ発音のため）。

7 鼻子上长了一个红疙瘩。

Bízi shàng zhǎngle yí ge hóng gēda.

出現を表す。「表面に」ということなので方位詞は"上"を使う。「（できものが）できる」という場合は動詞"长"（できる、生える）を使う。"起"でもよい。

8 动物园里逃走了一只猴子。

Dòngwùyuán li táozǒule yì zhī hóuzi.

消失を表す。[場所＋方位詞] ＋ [動詞＋"了"] ＋ [数量詞＋消失する事物] という順。方位詞は"里"を使う。「逃げる」は"跑"とも言える。

存現文 ＋α

既知・特定の事物を前に、未知・不特定の事物を後ろに置くのは中国語の重要な特徴で、存現文はその典型的な例です。雨や雷、虹などの自然現象は思いがけないときに現れるため、"下雨了""打雷了""出彩虹 cǎihóng 了"のように存現文が使われることも多いです。

ただし、事前に天気予報などで雨が降ると知っていた場合、その雨は既知の（すでに予測していた）ものになるので、"雨下起来了"と言うこともあります。同様の理由で「今まで降っていたその雨がやんだ」ということを表す場合は"雨停了"と言い、ふつう"(×)停雨了"とは言いません。

「太陽が出た」を表す場合は、"出太阳了"とも"太阳出来了"とも言えます。"出太阳了"は太陽が出たことに「ふと気づいた」というニュアンスがあるのに対し、"太阳出来了"には「いつものその太陽が出た」というニュアンスが含まれます。

雷がいつ鳴るのか、虹がいつ現れるのか、これらは予測しにくいので、ふつう"(×)雷打了""(×)彩虹出来了"とは言いません。

4 "把"構文

"把"構文とは？

前置詞 "把" を用いて動詞の目的語にあたるものを動詞の前に出し、それに対してどうしたか、又はどうするかという「処置」の方法や結果を表す文を「"把" 構文」と言います。「処置文」とも呼ばれます。

基本文型

主語 ＋ ["把" ＋ 目的語] ＋ [動詞 ＋ ほかの成分]

我　把那个旧包儿　扔掉了。（私はその古いかばんを捨てた。）
Wǒ　bǎ nàge jiù bāor　rēngdiào le.

"把"構文のポイント

◉目的語（例文の "那个旧包儿"）は特定・既知の事物。動詞の前に出すことによってそれを話題の中心にして、さらにそれをどう「処置」した（する）かを述べる。

◉"扔掉了" のように動詞の後ろに必ず「処置」した結果や完了などを表す成分がつく。

◉否定を表す副詞や助動詞などは "把" の前に置く。

　　我没把那个旧包儿扔掉。Wǒ méi bǎ nàge jiù bāor rēngdiào.
　　（私はその古いかばんを捨てなかった。）

◉"把" 構文で表したことはふつうのSVO（主語＋動詞＋目的語）文でも表せる場合があるが、次の場合は "把" 構文でなければ表しにくい。

（1）特定のものをある場所に移したり置いたりする場合
　　["把"＋目的語] ＋ [動詞＋"到/在"＋場所]
　　我把那个旧包儿扔到垃圾箱里了。Wǒ bǎ nàge jiù bāor rēngdào lājīxiāng li le.
　　（私はその古いかばんをゴミ箱に捨てた。）

（2）特定のものを別の形にしたり、別のものとする場合
　　["把"＋目的語] ＋ [動詞＋"成"＋別の形やもの]
　　他把那条牛仔裤改成短裤了。Tā bǎ nà tiáo niúzǎikù gǎichéng duǎnkù le.
　　（彼はあのジーンズをショートパンツにした。）

練習1 日本語を参考にして、それぞれAとBのうち適切な文を選びましょう。

1. 私は先ほどいくつかの歌をダウンロードした。
   - A： 我刚才下载了几首歌儿。
   - B： 我刚才把几首歌儿下载了。

2. 私はパソコンを修理した。
   - A： 我把电脑修理好了。
   - B： 我把一个电脑修理好了。

3. 自分の部屋を片づけなさい！
   - A： 把你的房间收拾！
   - B： 把你的房间收拾好！

4. この扇風機を書斎に持っていきなさい。
   - A： 你拿这个电风扇到书房里去。
   - B： 你把这个电风扇拿到书房里去。

5. どうしてあのプレゼントを彼女にあげなかったの？
   - A： 为什么没把那个礼物给她？
   - B： 为什么把那个礼物没给她？

6. まずい！　私は財布を家に忘れた。
   - A： 真糟糕！　我把钱包忘在家里了。
   - B： 真糟糕！　我忘钱包在家里了。

7. 私が餃子を食べたから、もう（その餃子を）探さないで。
   - A： 我吃饺子了，你别找了。
   - B： 我把饺子吃了，你别找了。

8. 私はレストランで餃子を食べたので、今はおなかがすいていない。
   - A： 我在饭馆儿吃了饺子，现在不饿。
   - B： 我在饭馆儿把饺子吃了，现在不饿。

1 彼は今日の宿題をまだやり終えていない。

2 彼女はそれらのリンゴをジャムにした。

做
zuò
果酱
guǒjiàng

3 私はそのソフトを彼に郵送した。

软件
ruǎnjiàn

4 私は不注意で彼女のコップを割った。

打碎
dǎsuì

5 アイスクリームでおなかを壊した。

冰激凌
bīngjīlíng
吃坏
chīhuài

6 彼女は通帳を引き出しに入れた。

存折
cúnzhé
抽屉
chōuti

7 帰国する前、彼は家具を全部友達にあげた。

家具
jiājù

8 次の日本語を中国語に訳しなさい。

下边
xiàbian
翻译
fānyì

① A：我刚才下载了几首歌儿。

Wǒ gāngcái xiàzàile jǐ shǒu gēr.

"把"構文の目的語は特定の事物でなければならない（英語なら定冠詞の the がつくもの）。「いくつかの歌」は不特定のものなので "把" 構文を使わない A が正解。

② A：我把电脑修理好了。

Wǒ bǎ diànnǎo xiūlǐhǎo le.

特定の事物を表す場合、①"那个电脑""出故障的电脑"のように「特定」の意味を持つ修飾語を使うか、②ただの "电脑" のように修飾語を何も使わない（おもに文頭や動詞の前に置く場合）。したがって②にあたる A が正解。

③ B：把你的房间收拾好！

Bǎ nǐ de fángjiān shōushihǎo!

動詞のあとにほかの成分が必要なので B が正解。この "好" は結果補語（「完成する」という意味）。「ほかの成分」になるものは補語以外に動詞の重ね型、数量詞、助詞などがあり、"把房间收拾收拾／收拾一下"（部屋をちょっと片づける）、"把这个拿着"（これを持っていて）、"把药吃了"（薬を飲んだ）のように使われる。

④ B：你把这个电风扇拿到书房里去。

Nǐ bǎ zhège diànfēngshàn nádào shūfáng li qu.

ある特定のものをある場所に移すことを表す場合、"把"構文を使うので B が正解。［"把"＋目的語＋動詞＋"到"/"在"＋場所］という語順になる。"到" は物が移動する到着点を表し、"在" は物が置かれる場所を表す。

参考 把花瓶摆在桌子上。Bǎ huāpíng bǎizài zhuōzi shàng.
（花瓶を机の上に置く。）

⑤ A：为什么没把那个礼物给她？

Wèi shénme méi bǎ nàge lǐwù gěi tā?

否定語は "把" の前に置くので A が正解。
参考 不把作业写完，就不能玩儿！（宿題を終わらせないと遊んではいけません！）

⑥ A：真糟糕！　我把钱包忘在家里了。

Zhēn zāogāo!　Wǒ bǎ qiánbāo wàngzài jiā li le.

ある特定のものをある場所に「置く（置いてきた）」ということを表すので "把" 構文を使う A が正解。"把" 構文に使われる動詞は意図的な動作を表すものがふつうだが、"忘" のような意図的でない動作を表す動詞を使うこともある。この場合、主語となる動作主を責めるニュアンスがある（→p.77）。

第2章

75

参考 她竟然把票丢了！ Tā jìngrán bǎ piào diū le！
（彼女はあろうことか切符をなくした！）

⑦ B： 我把饺子吃了，你别找了。

   Wǒ bǎ jiǎozi chī le, nǐ bié zhǎo le.

"把" 構文の目的語は話題の中心（聞き手または話し手が関心をもっていること）。文脈からわかるように、ここでは特定の餃子が話題の中心になっているので "把" 構文を使うべきであり、Bが正解。

⑧ A： 我在饭馆儿吃了饺子，现在不饿。

   Wǒ zài fànguǎnr chīle jiǎozi, xiànzài bú è.

この文で表したいのは「特定の餃子をどうしたか」ではなく、「お腹がすいていない」ということ。餃子はお腹がすいたとき、たまたま食べたものにすぎない。したがって"把" 構文を使わないAが正解。

練習2 解答例と解説

1 他还没 (有) 把今天的作业做完。

Tā hái méi(you) bǎ jīntiān de zuòyè zuòwán.

"把" 構文では否定副詞は "把" の前に置く。「まだ～していない」は "还没 (有) …" で表す。"做完" の代わりに "写完" を使ってもよい。

2 她把那些苹果做成果酱了。

Tā bǎ nàxiē píngguǒ zuòchéng guǒjiàng le.

「ある特定のものを別の形にする」という内容なので、必ず"把"構文を使うタイプ。["把" ＋目的語＋動詞＋"成"＋別の形] となる。

3 我把那个软件寄给他了。

Wǒ bǎ nàge ruǎnjiàn jìgěi tā le.

「ある特定のものをある人に届ける」ということを表す例。["把" ＋目的語＋動詞＋"给" ＋相手] になる場合が多い。この文は "把那个软件给他寄去了。" でもよい。

参考 把文件交给他 bǎ wénjiàn jiāogěi tā （書類を彼に渡す）
把照片发给她 bǎ zhàopiàn fāgěi tā （写真を（メールで）彼女に送る）

4 我不小心把她的杯子打碎了。

Wǒ bù xiǎoxīn bǎ tā de bēizi dǎsuì le.

"把" 構文で非意図的な動作を表現する例。自分を責めるニュアンスがある。"不小心" は主語の状態を描写する語なのでふつう "把" の前、主語の近くに置く。「割った」は

76

"打了" "摔了 shuāi le" "打破了 dǎpò le" "摔碎了" などでもよい。

5 冰激凌把肚子吃坏了。

Bīngjīlíng bǎ dùzi chīhuài le.

直訳は「アイスクリームがおなかを壊した」。"把" 構文を使うことによって主語のアイスクリームが悪いというニュアンスを含ませる。"我把肚子吃坏了" と言うと、自分が悪いというニュアンスになる。

6 她把存折放在抽屉里了。

Tā bǎ cúnzhé fàngzài chōuti li le.

特定のものをある場所に置くという内容なので、"把" 構文を使わなければならないタイプ。この文の場合、結果補語 "在" は方向補語 "进" に言い換えることができる。

7 回国前他把家具都给朋友了。

Huí guó qián tā bǎ jiājù dōu gěi péngyou le.

目的語 "家具" にかかる "都" を目的語のあとに置く。「ある特定のものをある人にあげる」ことを表す場合、"把" 構文を使うことが多い。

8 把下边的日语翻译成汉语。

Bǎ xiàbian de Rìyǔ fānyìchéng Hànyǔ.

「あるものを別のものにする」ということ。["把" ＋目的語＋動詞＋ "成" ＋別のもの] となる。

> **参考** 把七点记成八点了（7時を8時と覚えてしまった）
> 把 "水饺" 念成 "睡觉" 了（「水餃子」を「寝る」と読んでしまった）

"把" 構文 ＋ α

- ◉ "把" を用いて目的語を動詞の前に持ってくるのは、それ（目的語）が聞き手の「関心事」だから、あるいは話し手がそれについて聞き手に関心を持たせたいからです。
- ◉ "把" 構文を使うことによって、主語に「処置の責任者」という性質を持たせることになり、動詞フレーズは「処置」の方法、過程、結果を表すことになります。
- ◉「処置」は適切な処置もあれば、適切でない処置もありえます。"我把钱包忘在家里了。" "她把票丢了。" のような非意図的・無意識な動作は適切でない例で、主語が責められるニュアンスを帯びます。
- ◉ 同じ出来事でもふつうの [主語＋動詞＋目的語]（SVO）構文と "把" 構文の両方とも使える場合があります。"把" 構文を使うと、目的語が注目の的となり、「処置する」という意味を強めたり、処置の責任者をより明確にする効果があります。

受身文とは？

"树被大风刮倒了。"（木は強い風に吹かれて倒れた）のように、前置詞 "被""让""叫" などを用いて「AはBに〜される」ということを表す文を「受身文」と言います。

基本文型

A(動作の受け手)＋["被"など+B(動作主)]＋[動詞＋ほかの成分]

树　被大风　刮倒了。
Shù　bèi dà fēng　guādǎo le.
（木は強い風に吹かれて倒れた。）

电脑　让儿子　弄坏了。
Diànnǎo　ràng érzi　nònghuài le.
（パソコンは息子に壊された。）

点心　都　叫他　吃了。
Diǎnxīn　dōu　jiào tā　chī le.
（お菓子は全部彼に食べられた。）

受身文のポイント

● 動作主を導く前置詞 "被""让""叫" を使う。"被" が改まった表現で書き言葉と話し言葉の両方に使えるのに対し、"让""叫" はより話し言葉的な表現。

● "树被刮倒了" のように動作主が省略される場合は "被" を使い、"让""叫" は使えない。

● "刮＋倒了"（吹かれて＋倒れた）のように、述語動詞（特に1音節の動詞）は通常「された」結果などを表す成分をその後ろに伴う。

● 否定を表す副詞や助動詞などは "被""让""叫" の前に置く。

　　树没被风刮倒。（木は風で倒されなかった。）

● 受身文は、日常会話においては「被害」を表すことが多い。

78

練習1 日本語を参考にして語句を並べ替え、文を完成させましょう。

1 彼は会社に解雇された。

公司 / 了 / 他 / 被 / 解雇
gōngsī　le　tā　bèi　jiěgù

2 昨夜また蚊に刺された。

晚上 / 蚊子 / 叫 / 了 / 昨天 / 咬 / 又
wǎnshang　wénzi　jiào　le　zuótiān　yǎo　yòu

3 買ったばっかりのスマートフォンを盗まれた。

买 / 刚 / 智能手机 / 偷走 / 的 / 被 / 了
mǎi　gāng　zhìnéng shǒujī　tōuzǒu　de　bèi　le

4 彼は母親にひどく叱られた。

母亲 / 了 / 狠狠地 / 让 / 一顿 / 他 / 骂
mǔqin　le　hěnhěn de　ràng　yí dùn　tā　mà

5 彼女は不注意でお湯でやけどした。

烫伤 / 了 / 她 / 热水 / 不小心 / 被
tàngshāng　le　tā　rèshuǐ　bù xiǎoxīn　bèi

6 彼の甘い言葉にだまされないように。

骗 / 被 / 的 / 他 / 花言巧语 / 不要 / 了
piàn　bèi　de　tā　huāyán qiǎoyǔ　búyào　le

7 この件は彼にすっかり忘れられてしまった。

忘 / 他 / 被 / 这件事 / 干干净净的 / 得
wàng　tā　bèi　zhè jiàn shì　gāngānjìngjìng de　de

8 彼は学校の代表に選ばれた。

被 / 选为 / 学校 / 的 / 他 / 了 / 代表
bèi　xuǎnwéi　xuéxiào　de　tā　le　dàibiǎo

1 この秘密がなんと両親に知られてしまった。

秘密
mìmì
竟然
jìngrán

2 彼は先ほど先生に呼び出された。

叫去
jiàoqu

3 彼は通行人によって病院に運ばれた。

过路的人
guòlù de rén
送
sòng

4 あの参考書はもう貸し出してしまいました。

借走
jièzǒu

5 けんかのとき、彼に一発殴られた。

一拳
yì quán

6 「未」の字は彼によって「末」に書き間違えられた。

成
chéng

7 昨日海に行ったため、日焼けしてしまった。

海边
hǎibiān
晒黑
shàihēi

8 帽子は風に吹き飛ばされて、服も雨に濡れてしまった。

刮跑
guāpǎo
淋湿
línshī

9 彼の要求は彼女にきっぱりと断られた。

坚决地
jiānjué de
拒绝
jùjué

① 他被公司解雇了。

Tā bèi gōngsī jiěgù le.

基本文型にしたがって［A（他）＋"被"＋B（公司）＋動詞（解雇）＋ほかの成分（了）］という順に並べる。

② 昨天晚上又叫蚊子咬了。

Zuótiān wǎnshang yòu jiào wénzi yǎo le.

時間、頻度や重複などを表す副詞（ここでは"又"）はふつう"被"などの前に置く。

③ 刚买的智能手机被偷走了。

Gāng mǎi de zhìnéng shǒujī bèi tōuzǒu le.

B（動作主）を言う必要がない場合や言いたくない場合には、このように省略される。"走"は動詞の後ろにつき、「その場からなくなる」という意味の結果補語となる。

④ 他让母亲狠狠地骂了一顿。

Tā ràng mǔqin hěnhěn de màle yí dùn.

"狠狠地"（ひどく）は動作を描写する語なので動詞のすぐ前に置くのがふつう。"一顿"（ひとしきり）は"骂"や"打"（殴る）の量を表す動量補語（→p.140）で動詞のあとに置く。"了"は動量詞の前に置く。

⑤ 她不小心被热水烫伤了。

Tā bù xiǎoxīn bèi rèshuǐ tàngshāng le.

"不小心"は主語"她"の様態を表す語なので主語の直後（"被"の前）に置く。このように日本語では受身文としない場合でも、中国語では受身文を用いる場合がある。

⑥ 不要被他的花言巧语骗了。

Búyào bèi tā de huāyán qiǎoyǔ piàn le.

禁止を表す"不要"は"被"の前に置く。ここの"了"は「（されて）しまう」というニュアンス。"花言巧语"は「甘い言葉」、"甜言蜜语 tiányán mìyǔ"とも言う。

⑦ 这件事被他忘得干干净净的。

Zhè jiàn shì bèi tā wàngde gāngānjìngjìng de.

動詞のあとに様態補語を用いる例。形容詞の重ね型を補語として使う場合、あとに"的"がつくのが一般的。"得"は動詞と様態補語の間に置く（→p.128）。

第2章

8 他被选为学校的代表了。

Tā bèi xuǎnwéi xuéxiào de dàibiǎo le.

受身文は日常会話において「被害」を表すことが多いが、このように「受益」を表すこともある。

1 这个秘密竟然被父母知道了。

Zhège mìmì jìngrán bèi fùmǔ zhīdao le.

"被""让""叫"のいずれも使える。語気を表す副詞（ここでは"竟然"）は"被"の前に置く。

2 他刚才被老师叫去了。

Tā gāngcái bèi lǎoshī jiàoqu le.

時間名詞"刚才"（先ほど）は"被"の前に置く（主語の前も可）。"去"は方向補語で先生のところに「向かっていく」という移動方向を表す。結果補語"走"（ここから離れる）を使って"叫走了"と言ってもよい。

3 他被过路的人送到医院了。

Tā bèi guòlù de rén sòngdào yīyuàn le.

「〜してもらった」という「受益」を表す例。"送到医院"は"送进医院"に言い換えられる。結果補語"到"は「ある場所まで」を、方向補語"进"は「ある場所の中へ」を表す。口語では"送医院"のように略してもよい。

4 那本参考书已经被借走了。

Nà běn cānkǎoshū yǐjīng bèi jièzǒu le.

参考書がだれかに「借りていかれた」ということ。動作主を明かさない場合は"让""叫"は使えないが、"让/叫人借走了"のように動作主（"人"）を補定すれば使えるようになる。

5 吵架的时候，我被他打了一拳。

Chǎojià de shíhou, wǒ bèi tā dǎle yì quán.

"让""叫"も使える。動量補語"一拳"は"了"のあとに置く。

6 "未"字被他写成"末"了。

"Wèi" zì bèi tā xiěchéng "mò" le.

"成"を用いて「あるものが別の形にされた」を表す例。"让""叫"も使える。

7 昨天去海边，被晒黑了。

Zuótiān qù hǎibiān, bèi shàihēi le.

動作主になる「太陽」が省略されると "叫" "让" は使えない。"昨天去海边，晒黑了。" のように受身文でなくても通じるが、受身文のほうが「被害」のニュアンスが強調される。

8 帽子被风刮跑了，衣服也被雨淋湿了。

Màozi bèi fēng guāpǎo le, yīfu yě bèi yǔ línshī le.

"叫" "让" も使える。"刮跑" は "刮走" とも言えるが、"刮跑" のほうが風の勢いをよく表せる。

9 他的要求被她坚决地拒绝了。

Tā de yāoqiú bèi tā jiānjué de jùjué le.

"坚决地" は "她" の態度を描写する語句なので、"她" と動詞の間に置く。

受身文 + α

- "给" も受身の前置詞として使われ、"让" "叫" よりも話し言葉的な表現になります。
  帽子给风刮跑了。Màozi gěi fēng guāpǎo le.
  （帽子は風に飛ばされた。）
  "被" と同じように、動作主なしに "帽子给刮跑了。" と言ってもかまいません。

- "被" "让" "叫" は "给" と連用する場合もある。これも話し言葉的な表現になります。
  这孩子被他妈妈给惯得越来越不听话了。
  Zhè háizi bèi tā māma gěi guànde yuèláiyuè bù tīnghuà le.
  （この子は母親に甘やかされてますます言うことを聞かなくなった。）

- 書き言葉として "被…所" "为…所" も用いられます。書き言葉では動詞の後ろにほかの成分を伴わない場合も多いです。
  这个理论已为科学实验所证实。Zhège lǐlùn yǐ wéi kēxué shíyàn suǒ zhèngshí.
  （この理論はすでに科学実験によって実証されている。）

- "叫" "让" は受身文においても用いられます。受身文は兼語文と語順も同じため、両者を判別するには文脈を見なければなりません。

83

6 比較表現

比較表現とは？

"比""没有""跟…一样" などを用いて「AはBより〜だ」「AはBほど〜ではない」「Aは Bと同じだ」のように物事の差異や異同を表現する文を「比較表現」と呼びます。

基本文型

① A比B〜　AはBより〜だ

弟弟　比　哥哥　高。(弟は兄より背が高い。)
Dìdi　bǐ　gēge　gāo.

② A没有B（这么／那么）〜　AはBほど〜ではない

哥哥　没有　弟弟　（这么／那么）　高。
Gēge　méiyou　dìdi　(zhème / nàme)　gāo.
(兄は弟ほど背が高くない。)

③ A跟B一样（〜）　AはBと同じ（くらい〜）である

我的手机　跟　你的　一样。(私の携帯電話はあなたのと同じだ。)
Wǒ de shǒujī　gēn　nǐ de　yíyàng.

她　跟　妹妹　一样　高。(彼女は身長が妹と同じだ。)
Tā　gēn　mèimei　yíyàng　gāo.

比較表現のポイント

● 否定形では、"哥哥没有弟弟高。" 以外に "哥哥不比弟弟高。"（兄は弟より背が高いわけではない）という言い方もある。"没有" の言い方がAとBの差異を伝えるのに対し、"不" の場合は "比弟弟高" という判断に対する否定・反論に使われる。

● 比較した差の量は形容詞（動詞）の後ろに置く。また、比較した差について、具体的な数量ではなく、漠然と「少し」「ずっと」と言う場合は "一点儿" や "得多" などを使う。否定形の "没有" の文では差の量を言うことはできない。

　　弟弟比我高<u>三公分</u>。(弟は私より3センチ背が高い。)
　　爸爸比我高<u>一点儿</u>。(父は私より少し背が高い。)
　　我比妹妹高<u>得多</u>。(私は妹よりずっと背が高い。)

● "(×)弟弟比我<u>很</u>高。" のように、"很""非常""真" など比較の意味がない程度副詞は用いられない。誤用が多いので要注意。

練習1 日本語を参考にして語句を並べ替え、文を完成させましょう。

1 彼は私より3歳上だ。

他 / 我 / 大 / 三岁 / 比
tā　wǒ　dà　sān suì　bǐ

2 今日は昨日ほど涼しくない。

昨天 / 今天 / 那么 / 没有 / 凉快
zuótiān　jīntiān　nàme　méiyou　liángkuai

3 1組の人数は2組の人数と同じだ。

一班 / 二班 / 的 / 的 / 跟 / 一样 / 人数 / 人数
yībān　èrbān　de　de　gēn　yíyàng　rénshù　rénshù

4 この店はあの店より安いというわけではない。

这个 / 那个 / 店 / 店 / 比 / 不 / 便宜
zhège　nàge　diàn　diàn　bǐ　bù　piányi

5 明日は今日よりもっと暑いそうだ。

今天 / 明天 / 热 / 还 / 比 / 听说
jīntiān　míngtiān　rè　hái　bǐ　tīngshuō

6 彼女はぼくより30分遅れて来た。

我 / 她 / 半个小时 / 晚 / 了 / 比 / 来
wǒ　tā　bàn ge xiǎoshí　wǎn　le　bǐ　lái

7 彼女は私より走るのが速い。

我 / 她 / 比 / 跑 / 快 / 得
wǒ　tā　bǐ　pǎo　kuài　de

8 彼は私よりもっとサッカーが好きだ。

我 / 他 / 比 / 喜欢 / 更 / 足球 / 踢
wǒ　tā　bǐ　xǐhuan　gèng　zúqiú　tī

1 彼は私と同じ年だ。

2 あなたの携帯電話の性能は私のよりいい。

性能
xìngnéng

3 電子辞書は紙の辞書よりずっと使いやすい。

纸质词典
zhǐzhì cídiǎn
好用
hǎoyòng

4 インテンシブクラスの教科書は普通クラスのよりちょっと難しい。

强化班
qiánghuàbān

5 タクシーで行くのが地下鉄で行くより早いというわけではない。

6 彼のフランス語のレベルは英語と同じくらいだ。

水平
shuǐpíng

7 私の考えは君と違うのだ。

想法
xiǎngfǎ

8 今回の期末試験は、私は彼ほどできがよくなかった。

考得好
kǎo de hǎo

1 他比我大三岁。

Tā bǐ wǒ dà sān suì.

「AはBより〜」は［A比B〜］という語順になる（基本文型①）。比較の差（"三岁"）は比較の性質（"大"）の後に置く。比較の性質は形容詞や心理動詞で表すことが多い。年齢が上だということは形容詞"大"で表す。

2 今天没有咋天那么凉快。

Jīntiān méiyou zuótiān nàme liángkuai.

「AはBほど〜ではない」は［A没有B (那么) 〜］（基本文型②）という語順になる。"那么"は「それほど」を強調する語でよく一緒に使われるが、省略もできる。

3 一班的人数跟二班的人数一样。

Yībān de rénshù gēn èrbān de rénshù yíyàng.

「AはBと同じだ」は［A跟B一样］（基本文型③）という語順になる。"一班的人数跟二班的一样。""一班的人数跟二班一样。"のように、"的"や"人数"のくり返しを省略することもできる。

4 这个店不比那个店便宜。

Zhège diàn bù bǐ nàge diàn piányi.

「AはBより〜というわけではない」は［A不比B〜］となる。"不比"の場合、「AはBに及ばない」（差がある）と「AはBと同じくらいだ」（差がない）という2つの意味に取れる。"不"は必ず"比"の前に置き、"(×)这件比那件不便宜"とは言えない。

5 听说明天比今天还热。

Tīngshuō míngtiān bǐ jīntiān hái rè.

「もっと」「さらに」という差を表す副詞（ここでは"还"だが"更"も使える）は形容詞（動詞）の前に置く。"听说"（聞くところによると）は文頭に置く。

6 她比我来晚了半个小时。

Tā bǐ wǒ láiwǎnle bàn ge xiǎoshí.

"她比我晚来了半个小时。"とも言える。"晚来了"は意図的に遅く来たという可能性があるのに対し、"来晚了"のように"晚"を結果補語とすると、結果として遅れてしまったというニュアンスが強い。"半个小时"は比較した差の量なので最後に置く。

7 她比我跑得快。

Tā bǐ wǒ pǎo de kuài.

"她跑得比我快。"とも言える。比較表現に様態補語を用いる場合、"比B"の部分は動詞の前にも"得"の後ろ（様態補語の前）にも置くことができる（→p.128）。否定形も"她没有我跑得快。""她跑得没有我快。"のように2通りの語順がある。

8 **他比我更喜欢踢足球。**

Tā bǐ wǒ gèng xǐhuan tī zúqiú.

比較した結果が"更喜欢踢足球"という動詞句で表される。

参考 妈妈比爸爸更了解他。(母は父より彼のことをもっと理解している。)

練習2 解答例と解説

1 **他跟我一样大。**

Tā gēn wǒ yíyàng dà.

"他 (的) 年龄跟我一样大。""他 (的) 年龄跟我一样。"とも言える。比較事項が名詞（ここでは"年龄 niánlíng"）で示される場合は形容詞（ここでは"大"）を使っても使わなくてもよい。また"跟"は"和"に言い換えることができる。

参考 他个子跟我一样 (高)。(彼は身長が私と同じだ。)

2 **你的手机性能比我的 (手机性能) 好。**

Nǐ de shǒujī xìngnéng bǐ wǒ de (shǒujī xìngnéng) hǎo.

共通する部分の一部を省略することができる。ただし、省略すると誤解が生じてしまう場合もあるので要注意。たとえば"他哥哥比我哥哥高。"は"(×)他哥哥比我高。"のように省略できない。

3 **电子词典比纸质词典好用得多。**

Diànzǐ cídiǎn bǐ zhǐzhì cídiǎn hǎoyòng deduō.

「ずっと」と差の量が大きいことを表す場合は"得多"あるいは"多了"を形容詞（動詞）のあとに置く（→p.134 程度補語）。副詞の"很"や"非常"を形容詞（動詞）の前に使ってはならない。

4 **强化班的课本比普通班 (的) 难一点儿。**

Qiánghuàbān de kèběn bǐ pǔtōngbān (de) nán yìdiǎnr.

差の量が少ないことを表す場合、形容詞（動詞）のあとに"一点儿"（少し）を使う。"一些"（多少、若干）も使えるが、"一点儿"のほうがより少ないニュアンスになる。

5 **坐出租车去 (并) 不比坐地铁快。**

Zuò chūzūchē qù (bìng) bù bǐ zuò dìtiě kuài.

「タクシーのほうが早い」という判断に反論するときに使う。強調を表す"并"（決して）

を一緒に使うこともよくある。「タクシーで行く」は"打车去""打的去dǎdī qù"でもよい。この文のように比較されるAとBが動詞(または形容詞)フレーズのこともある。

6 他的法语水平跟英语 (的) 差不多。

Tā de Fǎyǔ shuǐpíng gēn Yīngyǔ (de) chàbuduō.

「同じくらいだ」はほかに"差不多一样""没什么 (大的) 差别chābié"なども言える。

7 我的想法跟你 (的) 不一样。

Wǒ de xiǎngfǎ gēn nǐ (de) bù yíyàng.

「AはBと違う」のように一般的に差異を言う場合は"不一样"を使う。"我的想法不跟你的一样。"という言い方もできるが、「私の考えは君と一緒というわけではない」と反論するニュアンスがやや強い。

8 这次期末考试我没有他考得那么好。

Zhè cì qīmò kǎoshì wǒ méiyou tā kǎo de nàme hǎo.

"这次期末考试我考得没有他那么好。"とも言える。"那么"(そんなに)と"这么"(こんなに)のどちらを使うかは比較の基準と話者の視点(立脚点)により、この文は「彼」を比較の基準にしているので"那么"を使う。自分が比較の基準になっている場合は"没有我考得这么好"となる。

参考 那个店没有这个店这么便宜。(あの店はこの店ほど安くない。)

第2章

比較表現 ＋α

A不如B（AはBに及ばない）

[A没有B 〜]は多くの場合、[A不如B 〜] bùrú に言い換えることができます。
哥哥没有弟弟高。＝哥哥不如弟弟高。
今天没有昨天暖和。＝今天不如昨天暖和。
"A不如B"は「AはBほどよくない」という意味を含むので、「良さ」を比べる場合は"好"を言わなくてもかまいません。
这个不如那个好。＝这个不如那个。

跟A比／比起A来，更喜欢B（Aと比べて、Bのほうが好きだ）

AとBどちらが好きかと比べる場合、"(×)我喜欢踢足球比打篮球。"とは言えません。正しくは次のようになります。
跟打篮球比，我更喜欢踢足球。Gēn dǎ lánqiú bǐ, wǒ gèng xǐhuan tī zúqiú.
＝比起打篮球来，我更喜欢踢足球。Bǐqi dǎ lánqiú lai, wǒ gèng xǐhuan tī zúqiú.
(バスケットボールと比べて、私はサッカーのほうがもっと好きだ。)

強調表現

中国語にはさまざまな強調表現がありますが、ここではおもに副詞 "也" "都" を用いた言い方をピックアップして学習しましょう。

基本文型

① 疑問詞（フレーズ）＋ "也 / 都" 〜

「何も」「だれも」「どこも」など、「例外なくすべて」ということを強調する。

谁　也　不知道。（だれも知らない。）
Shéi　yě　bù zhīdào.

他　什么　都　能吃。（彼は何でも食べられる。）
Tā　shénme　dōu　néng chī.

② 连…也 / 都〜

極端な事例を取り立てて「…でさえも」「…ですら」というふうに強調する。

连小孩儿　也　会。（子どもでさえもできる。）
Lián xiǎoháir　yě　huì.

我　连电视　都　没有。（私はテレビさえも持っていない。）
Wǒ　lián diànshì　dōu　méiyou.

他　连我的名字　都　忘了。（彼は私の名前すら忘れた。）
Tā　lián wǒ de míngzi　dōu　wàng le.

③ "一" ＋ 量詞（フレーズ）＋ "也 / 都" ＋ 否定形

最低限の数を取り立てて否定することによって「少しも〜ない」「まったく〜ない」という完全否定を表す。

她　一口酒　也　不喝。（彼女は一口も酒を飲まない。）
Tā　yì kǒu jiǔ　yě　bù hē.

作业　一个字　都　没写。（宿題は1字もやっていない。）
Zuòyè　yí ge zì　dōu　méi xiě.

我　一点儿　都　没吃。（私は少しも食べなかった。）
Wǒ　yìdiǎnr　dōu　méi chī.

練習1 日本語を参考にして語句を並べ替え、文を完成させましょう。

[1] 彼はどんな映画でも好きだ。

什么 / 喜欢 / 电影 / 看 / 都 / 他
shénme　xǐhuan　diànyǐng　kàn　dōu　tā

[2] 彼の一番の親友でさえも知らない。

最好的朋友 / 他 / 知道 / 不 / 都 / 连
zuì hǎo de péngyou　tā　zhīdao　bù　dōu　lián

[3] 彼はひとことも話さなかった。

句 / 话 / 他 / 一 / 说 / 也 / 没
jù　huà　tā　yī　shuō　yě　méi

[4] 君はいつ来てもいい。

来 / 什么时候 / 你 / 可以 / 都
lái　shénme shíhou　nǐ　kěyǐ　dōu

[5] そこには、私は1回も行ったことがない。

一次 / 那儿 / 过 / 我 / 也 / 去 / 没
yí cì　nàr　guo　wǒ　yě　qù　méi

[6] 幸せは、お金がいくらあっても買えない。

幸福 / 买不到 / 钱 / 也 / 多少
xìngfú　mǎibudào　qián　yě　duōshao

[7] おばあちゃんは1粒のお米も無駄にしてはいけないと言う。

奶奶 / 一粒米 / 浪费 / 能 / 不 / 说 / 都
nǎinai　yí lì mǐ　làngfèi　néng　bù　shuō　dōu

[8] 来週のどの日でも大丈夫です。

问题 / 都 / 下星期 / 没有 / 哪 / 的 / 天 / 一
wèntí　dōu　xiàxīngqī　méiyou　nǎ　de　tiān　yī

1 こんな簡単な道理は子どもでさえもわかる。

簡单
jiǎndān
道理
dàoli

2 年賀状は1枚も書いていない。

3 周りの人はだれでも彼のことが好きだ。

周围
zhōuwéi

4 引越しのとき、それらの本は1冊も捨てなかった。

搬家
bānjiā
扔
rēng

5 彼は家事をしない。お皿さえも洗わない。

碗
wǎn

6 食欲がなく、何を食べてもおいしくない。

食欲
shíyù
香
xiāng

7 最近は忙しすぎて日曜日さえも休めない。

8 焼く、揚げる、ゆでる、炒める、どのように作ってもいい。

煎
jiān
炸
zhá
煮
zhǔ

1　他什么电影都喜欢看。

Tā shénme diànyǐng dōu xǐhuan kàn.

［主語＋疑問詞フレーズ＋"也/都"＋述語動詞（句）］という順に並べる（基本文型①）。
［疑問詞＋"都/也"］で例外がないことを表す。述語部分は肯定形でも否定形でもよい。
"什么电影他都喜欢看。"のように疑問詞フレーズを文頭に置くこともできる。

2　连他最好的朋友都不知道。

Lián tā zuì hǎo de péngyou dōu bù zhīdào.

［"连"＋極端な例＋"也/都"＋述語動詞（句）］という順に並べる（基本文型②）。"连"
は前置詞で「～さえも」「～までも」を表す。述語部分は肯定形でも否定形でもよい。
この文では「一番の親友」を極端な例として取り立てて「だれも知らない」というこ
とを強調している。

3　他一句话也没说。

Tā yí jù huà yě méi shuō.

［主語＋"一"＋量詞＋"也/都"＋否定形の述語動詞（句)］という順（基本文型③）。述
語の部分は否定形に限る。"一"という最低限の数量を取り立てて否定することによっ
て「1つも～ない」「少しも～ない」ということを強調する。"他连一句话也没说。"の
ように"连…也/都～"のパターンに言い換えられる場合もある。

4　你什么时候来都可以。

Nǐ shénme shíhou lái dōu kěyǐ.

「あらゆる時間」という言い方で例外がないことを強調する。"你什么时候都可以来。"（君
はいつでも来ていい）という語順にしてもよい。

5　那儿我一次也没去过。

Nàr wǒ yí cì yě méi qùguo.

"我一次也没去过那儿。"という語順でもよい。

6　幸福多少钱也买不到。

Xìngfú duōshao qián yě mǎibudào.

"多少钱"が疑問詞フレーズになる。"多少钱也买不到幸福。"のように"幸福"を目的
語として文末に置いてもよい。"买不到"は"买不来"とも言える（→p.122　可能補語）。

7　奶奶说一粒米都不能浪费。

Nǎinai shuō yí lì mǐ dōu bù néng làngfèi.

第
2
章

"一粒米都不能浪费" が "说" の目的語になるのでその後に置く。

⑧ **下星期的哪一天都没有问题。**

Xiàxīngqī de nǎ yì tiān dōu méiyou wèntí.

「すべての日が問題ない」ということ。"下星期的哪一天" が疑問詞フレーズとなる。

❶ **这么简单的道理连小孩儿也懂。**

Zhème jiǎndān de dàoli lián xiǎoháir yě dǒng.

「子ども」を極端な例として取り立てて「だれでもわかる」ということを強調するので、"连…也/都～" のパターンを使う。「わかる」は "明白" でもよい。

❷ **贺年片一张都没写。**

Hèniánpiàn yì zhāng dōu méi xiě.

「1枚」という最低限の数を取り立てて否定することによって「まったく～していない」ということを表す。["一"＋量詞＋"也/都"＋否定] というパターンを使う。"一张贺年片都没写。"（1枚の年賀状も書いていない）とも言える。

❸ **周围的人谁都喜欢他。**

Zhōuwéi de rén shéi dōu xǐhuan tā.

「だれでも」なので [疑問詞＋"也/都"] のパターンを使う。

❹ **搬家的时候那些书一本也没扔。**

Bānjiā de shíhou nàxiē shū yì běn yě méi rēng.

["一"＋量詞＋"也/都"＋否定] というパターンを使う。"扔" は "丢" に言い換えられる。

❺ **他不做家务，连碗也不洗。**

Tā bú zuò jiāwù, lián wǎn yě bù xǐ.

「お皿を洗う」というもっとも簡単な家事を極端な例として取り立て、「まったく家事をしない」ということを強調する。「お皿」は "盘子 pánzi" と言うが、「お皿を洗う」の場合はふつう "洗碗" か "刷碗 shuā wǎn" と言う。

❻ **没有食欲，吃什么都不香。**

Méiyou shíyù, chī shénme dōu bù xiāng.

「あらゆる食べ物がおいしくない」と言いたいので、[疑問詞フレーズ＋"也/都"～] のパターンを使う。"吃什么都不好吃""什么都不觉得好吃" でもよいが、"吃什么都不香"

94

は一種の決まり文句としてよく使われる。

7 最近太忙了，连星期天也不能休息。

Zuìjìn tài máng le, lián xīngqītiān yě bù néng xiūxi.

「日曜日」を取立てて「忙しい」ということを強調する。"连…也/都～" のパターンを使う。「休めない」は可能補語を使って "休息不了" とも言える。

8 煎、炸、煮、炒，怎么做都可以。

Jiān, zhá, zhǔ, chǎo, zěnme zuò dōu kěyǐ.

「どんな方法でも」と言いたいので疑問詞は "怎么" を使う。"煎" は「鍋に少量の油を入れて焼く」という意味。"可以" の代わりに "行 xíng" を使い、"怎么做都行" と言ってもよい。

強調表現 ＋α

◉［"连"＋動詞＋"也/都"＋否定＋動詞］のように "连…也/都～" のパターンを用いてある動作を取り立て、またそれを否定することによって「その動作さえもない」ということを強調します。

连看也没看（見もしなかった）／ 连想都没想（考えもしなかった）

我的话他连听都不听。Wǒ de huà tā lián tīng dōu bù tīng.

（私の言うことを、彼は聞きもしない。）

◉二重否定による強調

没有解决不了的问题。Méiyou jiějuébuliǎo de wèntí.

（解決できない問題はない。）

这次会非参加不可。Zhè cì huì fēi cānjiā bùkě.

（今回の会議には参加しなければならない。）

◉"吗" を用いる反語文による強調

我不是告诉你了吗？Wǒ bú shì gàosu nǐ le ma ?

（君に言ったじゃないか。）

◉疑問詞を用いる反語文による強調

哪儿有这样的道理！Nǎr yǒu zhèyàng de dàoli !

（このような理屈がどこにあるのか！）

你怎么能这么说呢！Nǐ zěnme néng zhème shuō ne !

（どうしてそんなことが言えるの！）

第 3 章
さまざまな補語

　動詞（または形容詞）の後ろにつき、動作行為の結果や状況などを表す成分を「補語」と言います。結果補語、方向補語、可能補語、様態補語、程度補語、数量補語など種類も豊富で、これは中国語の大きな特徴となっています。

　補語は、その名称から「補足する語」のように理解されがちですが、実際には文のもつ情報の重要な部分を担うことも多く、補足というより「主役」を務めるパーツです。学習するにあたっては、それぞれの補語の働き、肯定と否定の形、目的語との位置関係などが重要なポイントとなります。

1 結果補語

結果補語とは？

"吃完"（食べ終わる）、"洗干净"（洗ってきれいになる＝きれいに洗う）のように、動詞の直後に置いてその動作行為のもたらす結果を表す動詞や形容詞を「結果補語」と言います。

よく使われる結果補語

【完 wán】	写完（書き終わる）	吃完（食べ終わる）
【懂 dǒng】	看懂（読んでわかる）	听懂（聞いてわかる）
【到 dào】	买到（買える）	见到（会える）
【住 zhù】	记住（覚える）	抓住（つかむ）
【走 zǒu】	借走（借りていく）	偷走（盗んでいく）
【见 jiàn】	看见（見える）	听见（聞こえる）
【错 cuò】	看错（見間違える）	写错（書き間違える）
【好 hǎo】	写好（書き上げる）	准备好（準備が整う）
【清楚 qīngchu】	看清楚（はっきり見える）	解释清楚（はっきりと説明する）
【干净 gānjìng】	洗干净（きれいに洗う）	忘干净（すっかり忘れる）

結果補語のポイント

●動詞と補語が一体化して、後ろに目的語や"了"を伴うことができる。

写**完**作业了。（宿題を書き終えた。）

Xiěwán zuòyè le.

●否定は、通常［動詞＋結果補語］の前に"没"を用いる。

作业还**没**写**完**。（宿題はまだ書き終えていない。）

Zuòyè hái méi xiěwán.

条件を表す場合には"不"も使える。

不做**完**作业不能看电视！

Bú zuòwán zuòyè bù néng kàn diànshì！

（宿題を終わらせないとテレビを見てはいけません！）

空欄に入る適切な語を【　】から選び、書き入れましょう。

【　完　懂　住　走　错　见　好　干净　】

① 对不起，我说（　　　）了。

Duìbuqǐ, wǒ shuō (　　) le.

すみません。言い間違えました。

② 那本小说还没看（　　　）。

Nà běn xiǎoshuō hái méi kàn (　　).

あの小説はまだ読み終わっていない。

③ 他说今天看（　　　）了一个 UFO。

Tā shuō jīntiān kàn (　　) le yí ge UFO.

彼は今日 UFO を見たと言った。

④ 老师说的话我都听（　　　）了。

Lǎoshī shuō de huà wǒ dōu tīng (　　) le.

先生が話したことは、私は全部わかった。

⑤ 今天学的单词都记（　　　）了吗？

Jīntiān xué de dāncí dōu jì (　　) le ma?

今日習った単語は全部覚えた？

⑥ 我的电脑已经修（　　　）了。

Wǒ de diànnǎo yǐjīng xiū (　　) le.

私のパソコンはもう直った。

⑦ 我的自行车被弟弟骑（　　　）了。

Wǒ de zìxíngchē bèi dìdi qí (　　) le.

私の自転車は弟に乗っていかれた。

⑧ 每次下课以后，他都把黑板擦（　　　）。

Měi cì xiàkè yǐhòu, tā dōu bǎ hēibǎn cā (　　).

授業のあと、彼はいつも黒板をきれいに消す。

第 3 章

練習2 右の語句をヒントに、日本語を中国語に訳しましょう。

1 ここは公園に変わった。

変
biàn
成
chéng

2 もう歩き疲れた。ちょっと休もう。

3 彼はすでに車の運転を覚えた。

会
huì

4 この質問に彼は正しく答えた。

对
duì
回答
huídá

5 この子は最近また背が伸びた。

长
zhǎng
高
gāo

6 今月の給料は全部使いきった。

工资
gōngzī
光
guāng

7 長い時間探して、やっと見つけた。

半天
bàntiān
总算
zǒngsuàn

8 その小さい瓶を取ってくれる？

递
dì
瓶
píng

① 对不起，我说（ 错 ）了。

「間違える」は"错"。"说错"→「言い間違える」のように日本語に直訳できる例。
参考 听错（聞き間違える）/ 打错电话（電話をかけ間違える）

② 那本小说还没看（ 完 ）。

「終わる」は"完"。[動詞＋"完"]も日本語の「〜し終わる」に直訳できる場合が多い。

③ 他说今天看（ 见 ）了一个UFO。

日本語に直訳できない例。"看"は「視線を向ける（＝look）」という動作のみで、目に入るという結果までは表さない。"见"（ここでは感覚器官で感じとるという意味）を付け加えてやっと「目に入る（＝see）」ということまで表せる。"看到"とも言える。

④ 老师说的话我都听（ 懂 ）了。

「わかる」は"懂"。同じ状況でも日本語では「わかる」という結果だけを言うのに対し、中国語では[听"＋"懂"]のように結果をもたらした動作を含めて言うことも多い。

⑤ 今天学的单词都记（ 住 ）了吗？

"住"には「とどめる」「固定する」という意味がある。"记"（覚えようとする）という行為を通して「頭にしっかり留めた」ということ。
参考 留住 liúzhù（引き留める）/ 扶住 fúzhù（しっかりと支える）

⑥ 我的电脑已经修理（ 好 ）了。

「(修理して) よい状態になった」ということ。この"好"には「完成する」「満足な状態になる」という意味がある。形容詞が結果補語になる例。
参考 想好（考えがまとまる）/ 约好 yuēhǎo（約束が決まる）/
治好 zhìhǎo（治療して治る）

⑦ 我的自行车被弟弟骑（ 走 ）了。

"走"には「その場から離れる/なくなる」という意味がある。
参考 拿走（持っていく）/ 刮走（(風に) 飛ばされていく）

⑧ 每次下课以后，他都把黑板擦（ 干净 ）。

"擦"（拭く）の結果として「きれいになった」と考え、"干净"を用いる。
参考 吃干净（きれいに食べる）/ 打扫干净（きれいに掃除する）

第3章

1 这儿变成公园了。

Zhèr biànchéng gōngyuán le.

「ほかのものや形になる」ということを表す場合、動詞のあとに［"成"＋もの／形］を使う。

参考 剪成短发 jiǎnchéng duǎn fà（髪を短く切る）
分成两个小组 fēnchéng liǎng ge xiǎozǔ（2つのグループに分ける）

2 已经走累了，休息一下吧。

Yǐjīng zǒulèi le, xiūxi yíxià ba.

「疲れる」は結果補語 "累" で表す。"走"（歩く）の結果として後ろにつける。

参考 玩儿累了（遊び疲れた）/ 干累了（働きすぎて疲れた）

3 他已经学会开车了。

Tā yǐjīng xuéhuì kāichē le.

「学んでできるようになる」を表す "学会" を使う。

参考 教会（教えて（相手が）できるようになる）/ 看会（見てできるようになる）

4 这个问题他回答对了。

Zhège wèntí tā huídáduì le.

"回答" は「答える」という意味の動詞。「答えた結果が正しい」ということなので "回答对" となる。

参考 猜对了 cāiduì le（言い当てた）/ 选对了 xuǎnduì le（正しく選んだ）

5 这个孩子最近又长高了。

Zhège háizi zuìjìn yòu zhǎnggāo le.

「成長して背が高くなった」という意味なので "长高" を使う。成長した「結果」として "长大"（大きくなる）、"长胖"（太る）、"长漂亮"（きれいになる）などいろいろな表現がある。

6 这个月的工资都用光了。

Zhège yuè de gōngzī dōu yòngguāng le.

"光" はここでは「何も残らない」という意味。"花光" "花完" "用完" などでもよい。

参考 喝光（飲み干す）/ 卖光（売り切れる）/ 忘光（すっかり忘れる）

7 找了半天，总算找到了。

Zhǎole bàntiān, zǒngsuàn zhǎodào le.

"找到" は「探しあてる」、つまり「見つける」ということ。"找着 zhǎozháo" も同じ意味。"总算" は "终于 zhōngyú" に言い換えられる。"到" は「到達する」という意味から「ある時点・場所・程度に到達する」、または「手が届く」「耳が届く」「目的を達する」などを表す結果補語として広く使われる。

> **参考** 走到车站（駅まで歩く）/ 工作到深夜（深夜まで仕事をする）/ 拿到驾照 jiàzhào（運転免許を取得する）/ 增加到50个人（50人まで増える）

⑧ 递给我那个小瓶，好吗？

Dìgěi wǒ nàge xiǎo píng, hǎo ma?

"把那个小瓶递给我, 好吗?" のように "把" 構文を使ってもよい。動作の結果として「物を動作の向かう相手のほうへ移動させる」ということを表す場合、動詞のあとに ["给" ＋相手] を使う。

> **参考** 送给她礼物（彼女にプレゼントをする）/ 把书还给刘老师（本を劉先生に返す）

結果補語 ＋α

文脈に応じて、いろいろな結果補語を作ることができます。

我已经喝醉了。Wǒ yǐjīng hēzuì le.（私はもう酔った。）

我还没喝够呢！Wǒ hái méi hēgòu ne!（私はまだ飲み足りないよ！）

不要走近那个水池。Búyào zǒujìn nàge shuǐchí.（その池に近づかないで。）

她把那些伊妹儿都删掉了。Tā bǎ nàxiē yīmèir dōu shāndiào le.
（彼女はあれらのメールを全部削除した。）

她为那件事哭红了眼睛。Tā wèi nà jiàn shì kūhóngle yǎnjing.
（彼女はその件で泣いて目が赤くなった。）

这个房子买贵了，真后悔！Zhège fángzi mǎiguì le, zhēn hòuhuǐ!
（この家を高値で買ってしまった。悔しい！）

那个游戏早就玩儿腻了。Nàge yóuxì zǎojiù wánrnì le.
（あのゲームはとっくに遊び飽きてしまった。）

帮我把这个桌子搬开。Bāng wǒ bǎ zhège zhuōzi bānkāi.
（このテーブルをどかすのを手伝って。）

2 方向補語

方向補語とは？

"买来"（買ってくる）、"坐下"（腰を下ろす）、"跑进去"（走って入っていく）のように、動詞の後ろに置いて動きの方向を表す "来""下""进去" などの動詞を「方向補語」と言います。

方向補語のタイプ

方向補語には1音節の単純型と2音節の複合型がある。

【単純型1】　話者を基準点にした "来"（向かってくる）と "去"（遠ざかっていく）

【単純型2】　客観的に見た "上"（上がる）、"下"（下る）など

【複合型】　　単純型1 "来""去" を単純型2の後ろにつけて構成したもの

単純型2 単純型1	上 shang あがる	下 xia くだる	进 jin はいる	出 chu でる	回 hui もどる	过 guo すぎる、わたる	起 qi おきる
来 lai ～てくる	上来 あがってくる	下来 くだってくる	进来 はいってくる	出来 でてくる	回来 もどってくる	过来 すぎてくる、わたってくる	起来 おきる、あがる
去 qu ～ていく	上去 あがっていく	下去 くだっていく	进去 はいっていく	出去 でていく	回去 もどっていく	过去 すぎていく、わたっていく	

方向補語と目的語の位置

◉ "上""下""进""出""回""过""起" は必ず目的語の前に置く。

　　　走进屋子（歩いて部屋に入る）

◉ "来" と "去" は以下の3パターンがある。

1) 目的語が場所の場合、"来""去" は後ろに置く。

　　　跑进教室去了。（走って教室に入っていった。）

2) 目的語が物で動作がこれから行われる場合、"来""去" はふつう後ろに置く。

　　【単純型】　我给她带一件礼物去。（私は彼女にプレゼントを持っていく。）

　　【複合型】　我给她带回一件礼物去。（私は彼女にプレゼントを持って帰る。）

3) 目的語が物で動作がすでに行われた場合、"来""去" は前にも後ろにも置ける。

　　【単純型】　我给她带去了一件礼物。/ 我给她带了一件礼物去。

　　【複合型】　我给她带回去了一件礼物。/ 我给她带回了一件礼物去。

練習1 それぞれ【 】から適切な語を選んで空欄に入れましょう。
正解は1つとは限りません。

① 明天我得把电脑带 （　　　　　）。

Míngtiān wǒ děi bǎ diànnǎo dài (　　).

明日はパソコンを持っていかなければならない。【来 去 回去】

② 女儿给他买 （　　　　　） 了一个生日蛋糕。

Nǚ'ér gěi tā mǎi (　　) le yí ge shēngrì dàngāo.

娘は彼のためにバースデーケーキを買ってきた。【来 去 回来】

③ 他从口袋里拿 （　　　　　） 了一张名片。

Tā cóng kǒudai li ná (　　) le yì zhāng míngpiàn.

彼はポケットから1枚の名刺を取り出した。【来 出 出来 去】

④ 坐 （　　　　　） 休息一会儿吧。

Zuò (　　) xiūxi yíhuìr ba.

座ってしばらく休みましょう。【出 下 上 进】

⑤ 看完以后请放 （　　　　　） 原处。

Kànwán yǐhòu qǐng fàng (　　) yuánchù.

読み終わったら元の場所に戻してください。【上 来 回 过】

⑥ 你把冰箱里的牛奶拿 （　　　　　）。

Nǐ bǎ bīngxiāng li de niúnǎi ná (　　).

冷蔵庫の牛乳を出して。【出来 出去 进来 进去】

⑦ 那边开 （　　　　　） 了一辆出租车。

Nàbian kāi (　　) le yí liàng chūzūchē.

向こうから1台のタクシーが走ってきた。【过来 进来 过去 进去】

⑧ 他走进会场的时候，大家都站 （　　　　　） 了。

Tā zǒujin huìchǎng de shíhou, dàjiā dōu zhàn (　　) le.

彼が会場に入ってくるなり、みんな立ち上がった。【上来 上去 起来 进来】

105

練習2 右の語句をヒントに、日本語を中国語に訳しましょう。**7**と**8**は "把" 構文を使ってください。

1 新年のとき、彼は（1通の）メールを送ってきた。

2 1匹のミツバチが外から（飛んで）入ってきた。

蜜蜂
mìfēng

3 （私に）しょうゆを1本買ってきてくれる？

酱油
jiàngyóu

4 彼はおばあさんを支えて（歩いて）道を渡っていった。

扶着
fúzhe
马路
mǎlù

5 そんなに高くて、登れるの？

爬
pá

6 干した服が下に落ちたから、取りに行ってくる。

晾
liàng
掉
diào

7 残した料理を包んで家に持ち帰りましょう。

剩下
shèngxia
打包
dǎbāo

8 あの大きいダンボールを教室の中に運んでいって。

纸箱
zhǐxiāng

① 明天我得把电脑带 (去)。

“来” はこちらに向かって近づいてくる方向、“去” はこちらから遠ざかっていく方向を表す。「戻る」「帰る」という意味はないので “回去” は不正解。

② 女儿给他买 (来／回来) 了一个生日蛋糕。

「買ってきた」なので “来” が正解。また「買って（自分の家に）戻ってきた」ということでもあるので “回来” も使える。“买去” なら、店側の視点から「買っていく」という意味になる。

③ 他从口袋里拿 (出／出来) 了一张名片。

「内から外へ出る」という意味なので “出” が正解。また、話者から見ると「ポケットの中からこちらへ出てきた」とも受け取れるので “出来” も正解。

④ 坐 (下) 休息一会儿吧。

「座る」は上から下への動作なので “下” が正解。体（または体の一部）や手荷物を下ろすといった動作を表す場合、単純型の “下” を使うのがふつう。
参考 躺下（横になる）／ 蹲下（しゃがむ）／ 低下头（頭を下げる）

⑤ 看完以后请放 (回) 原处。

「戻す」「戻る」には “回” を使う。話し言葉ではふつう “放回原来的地方” となる。
参考 走回家（歩いて家に帰る）／ 取回洗的衣服（クリーニングに出した服を回収する）

⑥ 你把冰箱里的牛奶拿 (出来)。

「外へ出す」は “出来” または “出去” を使う。ここでは、話者の視点は冷蔵庫の外にあるので “出来” が正解。

⑦ 那边开 (过来) 了一辆出租车。

「向こう側からこちら側へ」という方向を表す場合、“过来” を使う。
参考 跑过桥来了 pǎoguo qiáo lai le（橋を走って渡ってきた）
把球扔过来 bǎ qiú rēngguolai（ボールをこちらに投げて）
回过头来 huíguo tóu lai（顔をこちらに向ける）

⑧ 他走进会场的时候，大家都站 (起来) 了。

「体を起こす」または「体の周囲で物を拾う・持ち上げる」を表す場合、ふつう “起来” を使い、“上来”“上去” は使わない。ただし、持ち上げた物をある高い場所にのせる場合は “把行李放上去”（荷物を（上に）のせて）のように、“上去” または “上来” を

使う。

参考 坐起来（横になっていた状態から座る状態になる）
举起手来 jǔqi shǒu lai（手を挙げる）

練習2 解答例と解説

1 新年的时候，他发来了一个伊妹儿。

Xīnnián de shíhou, tā fālaile yí ge yīmèir.

「送ってきた」なので方向補語は"来"を使う。"发了一个伊妹儿来"とも言える。"了"は数量詞の前に置く。

2 一只蜜蜂从外边飞进来了。

Yì zhī mìfēng cóng wàibian fēijinlai le.

「外から中へ入ってくる」という場合、方向補語は"进来"を使う。

3 能不能给我买（一）瓶酱油来？

Néng bu néng gěi wǒ mǎi (yì) píng jiàngyóu lai ?

「買ってくる」なので方向補語は"来"を使う。これからのことなので目的語は"来"の前に置く。"能不能给我买回（一）瓶酱油来？"のように"回来"も使える。"给我买（一）瓶酱油来，好吗？／可以吗？"などでもよい。

4 他扶着奶奶走过马路去了。

Tā fúzhe nǎinai zǒuguo mǎlù qu le.

「渡っていった」という場合、方向補語は"过去"を使う。"马路"は場所を表す目的語なので"过去"の間に置く。

5 那么高，能爬上去吗？

Nàme gāo, néng páshangqu ma ?

高いところに「上がっていく」ということなので方向補語は"上去"を使う。動詞のあとに目的語を伴わない場合、"上"だけでは文を完結させることができない（＋αを参照）。

6 晾的衣服掉下去了，我去拿回来。

Liàng de yīfu diàoxiaqu le, wǒ qù náhuilai.

前半は「下に落ちていった」なので方向補語は"下去"を使う。後半は「取りに行ってまた戻ってくる」なので"回来"を使う。ただし、方向補語を使わずに"我去拿"とだけ言ってもよい。

7 把剩下的菜打包带回家去吧。

Bǎ shèngxia de cài dǎbāo dàihui jiā qu ba.

「帰っていく」なので方向補語は"回去"を使う。"家"は場所を表す目的語なので"回去"の間に置く。"打包带回家吧"のように単純型の"回"も使える（＋α参照）。

8 把那个大纸箱搬进教室里去吧。

Bǎ nàge dà zhǐxiāng bānjin jiàoshì li qu ba.

「中に運んでいく」なので方向補語は"进去"を使う。"教室"は場所を表す目的語なので"进去"の間に置く。「ある動作を通して物をある場所に移動する」ということを表す場合は"把"構文を使う（→p.72）。

方向補語 ＋α

"了"の有無について

方向補語は多くの場合、それだけで動作の完了を表せるので、書き言葉で動きを描写する場合は"了"をつけないことも多いです。

两个人边说边笑地走进来。 Liǎng ge rén biān shuō biān xiào de zǒujinlai.
（2人は談笑しながら入ってきた。）

ただし、会話では1つの情報として聞き手に伝える場合、文末に語気助詞の"了"をつけるのが一般的です。

你看，他们俩走进来了。 Nǐ kàn, tāmen liǎ zǒujinlai le.
（ほら、その2人が入ってきたよ。）

複合型と単純型の使い分け

同じ場面で"带回家去→带回家""搬进教室去→搬进教室"のように、複合型と単純型の両方を使える場合が多いのですが、動詞の後ろに目的語を伴わない場合、"去"（または"来"）がなければ文を完結させられないことが多いです。つまり"带回去。""搬进去。"とは言えますが、"(×)带回。""(×)搬进。"とは言えません。

第**3**章

3 方向補語の派生用法（1）

方向補語の派生用法とは？

方向補語の派生用法とは、方向補語が本来の動きの方向を表す意味から離れて"唱起来"（歌いだす）、"写下来"（書いておく）のように、動作の状態や結果など、より抽象的な意味を表す用法を指します。ここでは代表的なものを見ていきましょう。

【起来 qilai】
①動作や状態が始まることを表す：「〜し始める」「〜しだす」
　　大家笑起来。（みなは笑いだした。）
②印象や感想を述べるときに使う：「〜してみると」
　　用起来很方便。（使ってみると、とても便利だ。）
③バラバラのものをつなぎ合わせる、まとめることを表す
　　收集起来 shōujíqilai（集める）　　団结起来 tuánjiéqilai（団結する）

【下来 xialai】
①過去から現在まで続いていることを表す：「〜してきた」
　　这是祖上传下来的。（これは先祖から代々伝わってきたものだ。）
②ある状態に落ち着くことを表す：「〜になってくる」
　　心情平静下来。（気持ちが落ち着いてきた。）
③保存する、固定することを表す：「〜しておく」
　　把那个节目录下来 bǎ nàge jiémù lùxialai（その番組を録画しておく）
④分離・離脱することを表す：「取る」
　　把帽子摘下来 bǎ màozi zhāixialai（帽子を脱ぐ）

【下去 xiaqu】
現在から未来へ続くことを表す：「〜していく」
　　继续学下去 jìxù xuéxiaqu（続けて勉強していく）

【出来 chulai】
①無から有になることを表す
　　想出来一个好主意。（いい考えを思いついた。）
②隠れた状態から明らかな状態になることを表す：「分かる」「識別する」
　　他是哪儿的人，你能听出来吗？（彼はどこの出身か、君は聞いてわかる？）

【起来・下来・下去・出来】の中から適切なものを選んで空欄に入れましょう。

1 他一玩儿 (　　　)，就什么都忘了。

Tā yì wánr (　　), jiù shénme dōu wàng le.

彼は一旦遊び始めると何もかも忘れてしまう。

2 他们克服种种困难，坚持 (　　　) 了。

Tāmen kèfú zhǒngzhǒng kùnnan, jiānchí (　　) le.

彼らはさまざまな困難を克服して頑張ってきた。

3 过了六点，早市就热闹 (　　　)。

Guòle liù diǎn, zǎoshì jiù rènao (　　).

6時を過ぎたら、朝市はにぎやかになってくる。

4 上课铃响了，教室里安静 (　　　)。

Shàngkè líng xiǎng le, jiàoshì li ānjìng (　　).

授業開始のベルが鳴って、教室の中は静かになった。

5 哪个是哥哥，你能看 (　　　) 吗？

Nǎge shì gēge, nǐ néng kàn (　　) ma ?

どちらがお兄さんか見てわかる？

6 看来这个问题还得讨论 (　　　)。

Kànlái zhège wèntí hái děi tǎolùn (　　).

この問題はまだ検討していく必要があるようだ。

7 这个靴子看 (　　) 挺酷的，穿 (　　) 不舒服。

Zhège xuēzi kàn (　　) tǐng kù de, chuān (　　) bù shūfu.

このブーツは見た目はかっこいいけれども、履き心地はよくない。

8 老师写在黑板上的东西都记 (　　　) 了。

Lǎoshī xiězài hēibǎn shàng de dōngxi dōu jì (　　) le.

先生が黒板に書いたものを全部メモした。

練習2 右の語句をヒントに、日本語を中国語に訳しましょう。

1 彼ら2人はまた言い争い始めた。

吵
chǎo

2 夜、風はだんだん弱くなってきた。

渐渐
jiànjiàn

3 サークルに入ってから、彼は性格が明るくなった。

社团
shètuán

开朗
kāilǎng

4 私はここの環境が好きだ。ここに長く住みつづけたい。

环境
huánjìng

长期
chángqī

5 ずっと忙しいので、そのことは先送りにしてきた。

拖
tuō

6 彼はその文章をプリントアウトした。

打印
dǎyìn

7 部屋に入るときは靴を脱ぐべきだ。

脱
tuō

鞋
xié

8 私は携帯電話で時刻表を撮っておいた。

时刻表
shíkèbiǎo

9 それらの雑誌、ゲーム機などを全部片づけなさい。

游戏机
yóuxìjī

① 他一玩儿 (起来)，就什么都忘了。

「動作が始まって続く」という意味で"起来"を使う。「〜しだす」「〜し始める」と訳すことが多い。目的語を伴う場合は"玩儿起游戏来"のように目的語が"起来"の間に割り込む形になる。

参考 哭起来（泣き出す）/ 聊起天儿来（雑談し始める）/ 下起雨来（雨が降りだす）

② 他们克服种种困难，坚持 (下来) 了。

「過去から現在へ続いてきた」という意味で"下来"を使う。「〜してきた」と訳すことが多い。多くの場合、「長い時間を経て」「困難を乗り越えて」といったニュアンスを帯びる。

参考 学下来（学んできた）/ 干下来（働いてきた）

③ 过了六点，早市就热闹 (起来)。

「ある状態が始まる」という意味で"起来"を使う。"〜起来"はポジティブな意味の形容詞と結びつきやすく、状態の始まりを表すと同時に「静→動」「暗→明」「弱→強」など、「程度が強まりつつある」「勢いが盛り上がっていく」というニュアンスも強い。

参考 亮起来（明るくなる）/ 快起来（早くなる）/ 声音高起来（声が高くなる）/
振作起来 zhènzuòqilai（元気になる）/ 富裕起来 fùyùqilai（豊かになる）

④ 上课铃响了，教室里安静 (下来)。

「ある状態に落ち着く」という意味で"下来"を使う。「ある状態になる」という意味では"起来"も使えるが、「静まる」のように「動→静」「明→暗」「強→弱」のニュアンスを表す場合は"下来"のほうが適している。

参考 天黑下来（空が暗くなってきた）/ 车停下来了（車が止まった）/
速度慢下来 sùdù mànxialai（スピードが落ちた）/
态度软下来 tàidu ruǎnxialai（態度が弱くなった）

⑤ 哪个是哥哥，你能看 (出来) 吗？

「隠れた状態から明らかな状態になる」という意味で"出来"を使う。「わかる」と訳すことが多い。

参考 吃出来（食べてわかる）/ 闻出来 wénchulai（嗅いでわかる）

⑥ 看来这个问题还得讨论 (下去)。

「現在から未来へ続く」という意味で"下去"を使う。「〜していく」と訳すことが多い。"继续讨论下去"のように"继续"と一緒に使うことも多い。

参考 说下去（続けて話す）/ 锻炼下去（鍛えていく）

第
3
章

7 这个靴子看（ 起来 ）挺酷的，穿（ 起来 ）不舒服。

「外観を見るとかっこいいと思うが、履いてみると気持ちよくない」ということ。

参考 说起来容易，做起来难。(言うは易し、行うは難し。)

8 老师写在黑板上的东西都记（ 下来 ）了。

「固定する」「保存する」という意味で"下来"を使う。「～しておく」と訳すことが多い。

参考 背下来（暗記する）/ 抄下来 chāoxialai（写す）/ 保存下来（保存する）/
決定下来（決まる）

練習2 解答例と解説

1 他们两个人又吵起来了。

Tāmen liǎng ge rén yòu chǎoqilai le.

「動作が始まる」という意味で"起来"を使う。「言い争う」は"争吵 zhēngchǎo""吵架chǎojià"とも言う。"吵架"を使う場合は、離合詞なので"吵起架来"となる。

2 晚上风渐渐小下来了。

Wǎnshang fēng jiànjiàn xiǎoxialai le.

「風は落ち着いた」という意味で"下来"を使う。雨や風が「弱い」ことを表す場合、"小"を使う。

3 参加社团以后，他(性格)开朗起来了。

Cānjiā shètuán yǐhòu, tā (xìnggé) kāilǎngqilai le.

"开朗"という状態に入ると考えられるので"起来"を使う。「(サークルに) 入った」は"进""加入 jiārù"でもよい。

4 我喜欢这儿的环境，想在这儿长期住下去。

Wǒ xǐhuan zhèr de huánjìng, xiǎng zài zhèr chángqī zhùxiaqu.

「現在から将来へ続く」という意味で"下去"を使う。

5 一直很忙，那件事(就)拖下来了。

Yìzhí hěn máng, nà jiàn shì (jiù) tuōxialai le.

「過去から現在へ続いてきた」という意味で"下来"を使う。ここでは"就"は因果関係を表す副詞。

6 他把那篇文章打印出来了。

Tā bǎ nà piān wénzhāng dǎyìnchulai le.

「無の状態から有の状態になる」という意味で"出来"を使う。

参考　写出来（書き上げる）/ 創造出来 chuàngzàochulai（創りだす）/
編造出来的谎话 biānzàochulai de huǎnghuà（作り話）

7 进屋的时候应该把鞋脱下来。

Jìn wū de shíhou yīnggāi bǎ xié tuōxialai.

「体から離す」という意味で"下来"を使う。"应该脱下鞋来"でもよい。「部屋に入る」
は"进房间"でもよい。

参考　把眼镜摘下来（メガネをはずす）
把领带解下来 bǎ lǐngdài jiěxialai（ネクタイをはずす）

8 我用手机把时刻表照下来了。

Wǒ yòng shǒujī bǎ shíkèbiǎo zhàoxialai le.

「写真を撮って保存する」という意味で"下来"を使う。「撮る」は"拍"でもよい。

9 把那些杂志、游戏机什么的都收拾起来。

Bǎ nàxiē zázhì、yóuxìjī shénmede dōu shōushiqilai.

「散らかっているものを一箇所にまとめる」という意味で"起来"を使う。

方向補語の派生用法 **+α**

起来：意識の底から上がる
　　我想起他的名字来了。Wǒ xiǎngqi tā de míngzi lai le.（彼の名前を思い出した。）
起来：見える状態から隠れる状態になる
　　他把我的漫画藏起来了。Tā bǎ wǒ de mànhuà cángqilai le.
　　（彼は私の漫画を隠した。）
过去：意識を失った状態になる、正気を失う
　　患者昏过去了。Huànzhě hūnguoqu le.（患者は意識を失った。）
过来：正常な状態に戻る
　　做了人工呼吸，他醒过来了。Zuòle réngōng hūxī, tā xǐngguolai le.
　　（人工呼吸をしたら、彼は意識を取り戻した。）
过去/过来：乗り越える
　　困难的时期总算熬过去（过来）了。Kùnnan de shíqī zǒngsuàn áoguoqu (guolai) le.
　　（困難の時期をどうにか乗り越えた。）

第3章

4 方向補語の派生用法（2）

「方向補語の派生用法（1）」では2音節方向補語の派生用法を学習しました。ここでは単音節方向補語の派生用法をピックアップしてみましょう。

【上 shang】
①あるものに付着することを表す
> 穿上大衣 chuānshàng dàyī（コートを着る）

②動作が目的を達成することを表す
> 考上名牌大学 kǎoshàng míngpái dàxué（有名大学に合格する）

【下 xia】
①離脱・分離することを表す
> 脱下鞋 tuōxià xié（靴を脱ぐ）

②何かが残ることを表す
> 留下很好的印象 liúxià hěn hǎo de yìnxiàng（好印象を与える）

③ある数量や体積が収容できることを表す
> 这个包能装下十几本书。Zhège bāo néng zhuāngxià shíjǐ běn shū.
> （このバッグには十数冊の本が入る。）

【过 guo】
①ある特定の点（時点、地点、基準点）や限度を過ぎることを表す
> 坐过了站。Zuòguòle zhàn.（乗り過ごした。）

②乗り切ること、通り抜けることを表す
> 熬过了严冬。Áoguòle yándōng.（辛抱して厳しい冬を乗り越えた。）

【出 chu】
無から有、隠れた状態から明らかな状態になることを表す
> 做出结论 zuòchū jiélùn（結論を出す）

【起 qi】
①動作が何かに及ぶ（触れる）ことを表す
> 他没说起这件事。Tā méi shuōqǐ zhè jiàn shì.（彼はこのことに触れなかった。）

②動作の始まる起点を表す
> 基础汉语都是从拼音学起。Jīchǔ Hànyǔ dōu shì cóng pīnyīn xuéqǐ.
> （基礎中国語はピンインの学習から始まる。）

空欄に入る適切な語を、【上 / 下 / 过 / 出 / 起】から選んで書き入れましょう。

1 他戴（　　　　）老花镜，总算看清楚了那些字。

Tā dài (　　　　) lǎohuājìng, zǒngsuàn kànqīngchule nàxiē zì.

彼は老眼鏡をかけてやっとその字がはっきり見えた。

2 他给你留（　　　　）了名字和电话号码。

Tā gěi nǐ liú (　　　　) le míngzi he diànhuà hàomǎ.

彼はあなたに名前と電話番号を残した。

3 通过不断的努力，他终于当（　　　　）了一名律师。

Tōngguò búduàn de nǔlì, tā zhōngyú dāng (　　　　) le yì míng lǜshī.

彼は努力に努力を重ね、ついに弁護士になった。

4 这个教室比较大，能坐（　　　　）八十名学生。

Zhège jiàoshì bǐjiào dà, néng zuò (　　　　) bāshí míng xuésheng.

この教室はわりと大きい。80名の学生が座れる。

5 他摘（　　　　）口罩，深深地吸了一口气。

Tā zhāi (　　　　) kǒuzhào, shēnshēn de xīle yì kǒu qì.

彼はマスクを外して深く息を吸った。

6 大家好好儿讨论一下，肯定会想（　　　　）好办法的。

Dàjiā hǎohāor tǎolùn yíxià, kěndìng huì xiǎng (　　　　) hǎo bànfǎ de.

皆がしっかりと議論すれば、きっと解決策を思いつくだろう。

7 我们绝不放（　　　　）罪犯。

Wǒmen juébù fàng (　　　　) zuìfàn.

私たちは絶対に犯人を逃がさない。

8 保护环境应该从我做（　　　　）。

Bǎohù huánjìng yīnggāi cóng wǒ zuò (　　　　).

環境を守るには自分にできることから始めるべきだ。

第3章

1 彼らはついに新しい家に住めるようになった。

房子
fángzi

2 あなたのこの冗談は言いすぎだ。

开玩笑
kāi wánxiào

3 92円の切手を1枚貼り付けた。

日元
rìyuán

4 今回の短期留学はとてもいい思い出になった。

短期
duǎnqī

美好的回忆
měihǎo de huíyì

5 このスーツケースを使えば、これらのものが全部入る。

旅行箱
lǚxíngxiāng

6 今日はアラームが鳴らなかったので寝過ごしてしまった。

闹钟
nàozhōng

7 そのとき彼はちょうど外出していて、災難から逃れた。

躲
duǒ

灾难
zāinàn

8 ここに名前と住所、携帯番号を記入してください。

填
tián

地址
dìzhǐ

9 電話をしたとき、彼女はあなたの近況も尋ねていましたよ。

近况
jìnkuàng

1 他戴 （ 上 ）老花镜，总算看清楚了那些字。

動作の結果、老眼鏡が顔に「付着する」ということ。
参考 涂上颜色 túshàng yánsè（色を塗りつける）

2 他给你留 （ 下 ）了名字和电话号码。

動作の結果、名前と住所が残ったということ。
参考 存下钱（お金を貯める）/ 菜剩下了（おかずが残った）

3 通过不断的努力，他终于当 （ 上 ）了一名律师。

目的を達成した、つまり願っていることが実現したということ。
参考 过上了幸福生活（幸せに暮らせるようになった）

4 这个教室比较大，能坐 （ 下 ）八十名学生。

これくらいの数量が収容できるということ。
参考 冰箱里还能放下吗？（冷蔵庫の中はまだ入る？）

5 他摘 （ 下 ）口罩，深深地吸了一口气。

付着していたものを外した、つまり一緒だったものが分離したということ。
参考 放下包袱 bāofu（心の重荷を下ろす）

6 大家好好儿讨论一下，肯定会想 （ 出 ）好办法的。

無から有になるということ。
参考 找出问题（問題を見出す）/ 查出真相（真相を探りだす）
培养出人才（人材を育成する）

7 我们绝不放 （ 过 ）罪犯。

通り抜けることを許さない（見逃さない）ということ。
参考 错过机会（時機を逃す）/ 瞒过了父母（親にごまかした）

8 保护环境应该从我做 （ 起 ）。

自分が環境を守る行動の起点になるということ。
参考 不知道从哪儿说起（どこから話せばいいかわからない）/ 从我们结婚的那天算
起（私たちが結婚した日から数える）

第3章

119

1 他们终于住上了新房子。

Tāmen zhōngyú zhùshàngle xīn fángzi.

願っていたことが実現したということを表すので、補語は"上"を使う。

2 你这个玩笑开过了。

Nǐ zhège wánxiào kāiguò le.

限度を超えたということを表す"过"を使う。"这个玩笑你开过了"でもよい。"玩笑开大了""玩笑开过头了"とも言う。

3 贴上了一张92日元的邮票。

Tiēshàngle yì zhāng jiǔshi'èr rìyuán de yóupiào.

切手を封筒に「付着させる」ということなので"上"を使う。

4 这次短期留学给我留下了美好的回忆。

Zhè cì duǎnqī liúxué gěi wǒ liúxiàle měihǎo de huíyì.

記憶に残ったということ。"留下美好的回忆"は「いい思い出になった」を表すときの決まり文句。

5 用这个旅行箱，这些东西都能装下。

Yòng zhège lǚxíngxiāng, zhèxiē dōngxi dōu néng zhuāngxià.

全部収容できるということなので"下"を使う。

6 今天闹钟没响，结果睡过了。

Jīntiān nàozhōng méi xiǎng, jiéguǒ shuìguò le.

特定の時点（定刻）を過ぎたということ。"结果"は予期しない結果を表す。"所以"でも可（→p.166）。

7 那时他正好外出，躲过了灾难。

Nàshí tā zhènghǎo wàichū, duǒguòle zāinàn.

乗り切ったということを表す"过"を使う。

8 请在这儿填上你的姓名、地址和手机号码。

Qǐng zài zhèr tiánshàng nǐ de xìngmíng、dìzhǐ hé shǒujī hàomǎ.

記入した結果、字が用紙に付着するので補語は"上"を使う。"填"は「(空欄を) 埋

める」「(記入用紙に)書き込む」という意味。名前は"名字"でもよい。

9 打电话的时候，她还问起了你的近况呢。

Dǎ diànhuà de shíhou, tā hái wènqǐle nǐ de jìnkuàng ne.

「あなたのことにも触れた」という意味で"起"を使う。

方向補語の派生用法 + α

ほかにもさまざまな用法があります。

关<u>上</u>窗户。(窓を閉める。)　　　　　　　　　▶「付着」の意味に通じる

他们又聊<u>上</u>了。(彼らはまたおしゃべりし始めた。)▶動作の始まりを表す

日子定<u>下</u>了。(日にちが決まった。)　　　　　　▶「落着する」という意味

汽车停<u>下</u>了。(車が止まった。)　　　　　　　　▶ある状態に落ち着くことを表す

玩儿<u>起</u>了游戏。(ゲームをし始めた。)　　　　　▶動作の始まりを表す

我已经吃<u>过</u>饭了。(私はもうご飯を食べた。)　　▶「すませる」という意味

语言胜<u>过</u>行动。(行動は言葉に勝る。)　　　　　▶「超過」という意味

你能吃<u>出</u>这是什么肉吗? (これは何の肉か、食べてわかる?)

　　　　　　　　　　　　　　　　　　　　　　▶明らかな状態になることを表す

121

5 可能補語

可能補語とは？

"写得完"（書き終えることができる）、"来不了"（来ることができない）のように、動詞の後ろに置いて、その動作行為を通してある結果を得られるかどうか、あるいはその動作行為が実現できるかどうか、という「可能・不可能」を表すものを「可能補語」と言います。

可能補語のタイプ

① 結果補語、方向補語から派生するもの

【肯定形】　動詞＋"得"＋結果補語／方向補語

写得完 （書き終えられる）　　　回得来 （戻ってこられる）
xiědewán　　　　　　　　　　 huídelái

【否定形】　動詞＋"不"＋結果補語／方向補語

写不完 （書き終えられない）　　回不来 （戻ってこられない）
xiěbuwán　　　　　　　　　　 huíbulái

② もとになる結果補語、方向補語の形がないもの

【肯定形】　動詞＋"得了" など

来得了 （来られる）　　　　　参加得了 （参加できる）
láideliǎo　　　　　　　　　　 cānjiādeliǎo

【否定形】　動詞＋"不了" など

来不了 （来られない）　　　　参加不了 （参加できない）
láibuliǎo　　　　　　　　　　 cānjiābuliǎo

可能補語のポイント

● 実際の会話においては否定形が多用される。肯定形はおもに「できるか」「できるものか」という疑問や反語およびその答え、あるいは「きっとできる」「できるかもしれない」という推測などを表す場合に使われる。

● "写得完写不完?" のように［肯定形＋否定形］で反復疑問文を作れる。

● 肯定形は "能来得了" のように可能を表す助動詞と併用できる。

● 受身文や "把" 構文とは一緒に使わない。

練習1 空欄に入る適切な語を【 】から選び、"得" または "不" を
つけて書き入れましょう。

【 到　懂　清楚　动　了　饱　起　去 】

① 太远了，我听（　　　　　）。
Tài yuǎn le, wǒ tīng (　　).
遠すぎて、はっきりと聞こえない。

② 他说的好像是西班牙语，我听（　　　　　　　）。
Tā shuō de hǎoxiàng shì Xībānyáyǔ, wǒ tīng (　　).
彼が話しているのはスペイン語のようだ。私にはわからない。

③ 她力气太小，搬（　　　　　　）那张桌子。
Tā lìqi tài xiǎo, bān (　　) nà zhāng zhuōzi.
彼女は力が弱すぎてその机を運べない。

④ 路太窄，大型卡车过（　　　　　）。
Lù tài zhǎi, dàxíng kǎchē guò (　　).
道幅があまりに狭いので、大型のトラックは通ることができない。

⑤ 这个比萨饼这么大，我吃（　　　　　）。
Zhège bǐsàbǐng zhème dà, wǒ chī (　　).
このピザは大きすぎて、私は食べきれない。

⑥ 偏远的内陆地区吃（　　　　　）新鲜的海鱼。
Piānyuǎn de nèilù dìqū chī (　　) xīnxian de hǎiyú.
辺鄙な内陸部では新鮮な海魚を食べられない。

⑦ 这么贵的菜，我们吃（　　　　　）。
Zhème guì de cài, wǒmen chī (　　).
こんな高価な料理、私たちは食べられない。

⑧ 这包子太小，三个吃（　　　　　）。
Zhè bāozi tài xiǎo, sān ge chī (　　).
この肉まんは小さいので、3個ではおなかいっぱいにならない。

第
3
章

123

1 3時までに戻ってこられるでしょうか？
—— 戻ってこられます。

以前
yǐqián

2 ドアに鍵がかかっているので私たちは入れない。

锁
suǒ

3 銀行はこのビルの後ろにあるので、ここからでは見えない。

座
zuò
大楼
dàlóu

4 汚なすぎて、どうしてもきれいに洗えない。

脏
zāng
怎么也～
zěnme yě ～

5 北京の名所旧跡は多すぎて、3日間では回りきれない。

名胜古迹
míngshèng gǔjì
转
zhuàn

6 彼の名前を私はどうしても思い出せなくなった。

起来
qǐlái

7 駅のとなりの本屋さんに行ってみれば、見つかるかもしれない。

8 大丈夫、冷蔵庫に入れておけば腐ることはない。

坏
huài

1 太远了，我听（ **不清楚** ）。

"听清楚" で「聞いてはっきり耳に入る」という意味。"听不清楚" は「聞いてもはっきり耳に入らない」ということ。
参考 看不清楚（はっきり見えない）/ 说不清楚（はっきり説明できない）

2 他说的好像是西班牙语，我听（ **不懂** ）。

「聞いてもわからない」ということ。同じ意味で "听不明白" も使える。それぞれ "听懂" "听明白" を可能補語の否定形にした形。
参考 看不懂（読んでもわからない）

3 她力气太小，搬（ **不动** ）那张桌子。

「机を運びたいが動かすことができない」という意味なので正解は "不动"。目的語は可能補語の後ろに置くか、または "那个桌子 (她) 搬不动。" のように話題として文頭に置く。
参考 走不动（歩けない）/ 劝不动 quànbudòng（説得しても（相手の心が）動かない）

4 路太窄，大型卡车过（ **不去** ）。

「通り過ぎたくても向こう側に行くことができない」ということなので "过去" を可能補語の否定形にする。
参考 回不去（戻れない）/ 上不去（登れない）

5 这个比萨饼这么大，我吃（ **不了** ）。

「〜しきれない」は "〜不了"。"〜得了" "〜不了" には、以下の2通りの用法がある。
①「すっかり〜する」ことができるかどうかを表す：吃不了 / 用得了（使いきれる）
②動作自体が実現できるかどうかを表す：来得了（来られる）/ 去不了（行けない）

6 偏远的内陆地区吃（ **不到** ）新鲜的海鱼。

"吃不到" は「食べたくても物がないので食べることができない」ということ。"〜不到" はここでは「入手できない」「手が届かない」という意味。この "到" は "着 zháo" に言い換えられるので、"吃不着" と言っても同じ。
参考 买不到（買えない）/ 找不到（見つからない）

7 这么贵的菜，我们吃（ **不起** ）。

「お金に余裕がなくてできない」ということを表す場合は "〜不起" を使う。"〜不起" という形の可能補語には、もとになる "(×)吃起" という結果補語の形がない。
参考 买不起（値段が高くて買えない）/ 住不起（家賃が高くて住めない）

⑧ 这包子太小，三个吃（ 不饱 ）。

"吃不饱" で「食べてもいっぱいになることができない」ということ。"吃饱" で「食べておなかいっぱいになる」という意味。

① 三点以前回得来吗？—— 回得来。

Sān diǎn yǐqián huídelái ma？—— Huídelái.

「戻ってくることができる」は "回得来"。「ある時点まで」はふつう［時点＋"以前"］で表す。もとになる方向補語の形は "回来"。

参考 出得来（出てこられる）/ 上得来（登ってこられる）

② 门锁着，我们进不去。

Mén suǒzhe, wǒmen jìnbuqù.

「入っていくことができない」ということなので "进不去" を使う。もとになる方向補語の形は "进去"。

③ 银行在这座大楼的后边，从这儿看不见。

Yínháng zài zhè zuò dàlóu de hòubian, cóng zhèr kànbujiàn.

「見たくても目に入らない」という意味で "看不见" を使う。もとになる結果補語の形は "看见"。

参考 听不见（聞こえない）/ 闻不见（匂いが鼻に入らない）

④ 太脏了，怎么也洗不干净。

Tài zāng le, zěnme yě xǐbugānjìng.

「きれいに洗うことができない」は "洗不干净"。もとになる結果補語の形は "洗干净"。「どうしても〜」は "怎么也〜"。"怎么洗也洗不干净。" とも言える。

⑤ 北京的名胜古迹太多，三天转不过来。

Běijīng de míngshèng gǔjì tài duō, sān tiān zhuànbuguòlái.

「種類や数が多くて〜しきれない」ということを表す場合は "〜不过来" を使う。もとになる方向補語の形は "转过来"。

参考 数不过来 shǔbuguòlái（数えきれない）/ 玩儿不过来（遊びきれない）

⑥ 他的名字我怎么也想不起来了。

Tā de míngzi wǒ zěnme yě xiǎngbuqǐlái le.

「思い出せない」は "想不起来"。もとになる方向補語の形は "想起来"。"我怎么也想不起他的名字来了。" "我怎么也想不起来他的名字了。" とも言える。

7 你去车站旁边的书店看看，也许找得到。

Nǐ qù chēzhàn pángbiān de shūdiàn kànkan, yěxǔ zhǎodedào.

「見つけることができる」には肯定形の "找得到" を使う。副詞 "也许" を使うことで「～かもしれない」という不確定の語気を表す。"一定找得到"（きっと見つかる）のように確定の語気を表す場合も、肯定形が使われる。もとになる結果補語の形は "找到"。

8 不要紧，放在冰箱里坏不了。

Búyàojǐn, fàngzài bīngxiāng li huàibuliǎo.

「腐ってしまう可能性がない」ということ。可能補語はこのように相手を安心させる場合に使うこともできる。「大丈夫」は "没关系" "没问题" でもよい。

> **参考** 别担心，丢不了。Bié dānxīn, diūbuliǎo.（心配しないで。なくすことはないよ。）
> 仔细检查了，错不了。Zǐxì jiǎnchá le, cuòbuliǎo.
> （よくチェックしたから、間違えるはずはない。）

可能補語 ＋α

可能補語と可能を表す助動詞の使い分け

「～できない」という不可能を表すとき、学習者は "不能～" を使いがちです。しかし、"不能" は多くの場合「してはいけない」という「不許可」を表します。

　　这是给爸爸留的，不能吃。
　　（これはお父さんにとっておいたものだから、食べてはいけない。）

これに対し、「食べたくても食べられない」「食べても予期した結果を得られない」ということを表す場合には "吃不到" "吃不起" "吃不饱" "吃不了" などが使われます。これらの可能補語は "不能～" と言い換えることができません。

[動詞＋可能補語] の形で熟語化したもの

"受不了" "来不及" などは、もとになる "(×)受了" "(×)来及" のような結果補語の形がなく、常に可能補語の形でのみ使われ、辞書にも見出し語として収録されています。

　　受不了 shòubuliǎo（耐えられない）　　　　来不及 láibují（間に合わない）
　　看不起 kànbuqǐ（見くびる）　　　　　　　划不来 huábulái（割に合わない）
　　合不来 hébulái（そりが合わない）　　　　　了不起 liǎobuqǐ（すばらしい）

「～してはいけない」を表す"不得"

おもに「（大変なことになるので）～してはいけない」ということを表す "不得" も可能補語の一つです。

　　这种蘑菇有毒，吃不得。（このキノコは毒があるので食べてはいけない。）

6 様態補語

様態補語とは？

"他跑得<u>很快</u>。"（彼は走るのが速い）、"她高兴得<u>跳了起来</u>。"（彼女は喜びのあまり飛び上がった）のように、動詞・形容詞の後ろに置いて、動作や状態についての描写・判断・評価を表すものを「様態補語」と言います。動詞・形容詞と様態補語の間は "得" でつなぎます。

様態補語のタイプ

① 他跑得很快。（彼は走るのが速い。）

Tā pǎo de hěn kuài.

補語の部分はおもに程度を表す成分を伴う形容詞で、行われる動作が上手か下手か、速いか遅いかなどについて判断・評価するタイプ。

② 她高兴得跳了起来。（彼女は喜びのあまり飛び上がった。）

Tā gāoxìng de tiàole qilai.

補語の部分はさまざまなフレーズで、感情や状態、または動作行為について、どのような結果を引き起こしたか、当事者の様子はどうなっているかなどを、より具体的に描写するタイプ。

様態補語のポイント

●動詞が目的語を伴う場合、[動詞＋目的語＋動詞＋様態補語] のように動詞をくり返す。

　　他打乒乓球打得很好。Tā dǎ pīngpāngqiú dǎ de hěn hǎo.

　　（彼は卓球が上手だ。）

ただし、次のように前のほうの動詞を省略できることも多い。

　　他乒乓球打得很好。

●①の場合、"跑得很快" のように特に程度を強調しなくても程度副詞の "很" が必要。疑問や否定は、"跑得快不快?""跑得不快" のように動詞の部分ではなく補語の部分で行い、"很" は必要ではない。

●②の場合、"高兴得她跳了起来"（彼女は喜びのあまり飛び上がった）、"大风刮得他<u>睁不开眼睛</u>"（強風に吹かれて彼は目も開けられない）のように "得" のあとに動作主や動作の受け手を置けることも多い。

●②の場合はその時その場の様子を描写するので、ふつう疑問文や否定文にはしない。

128

1 彼女は歌うのが上手だ。

唱 / 得 / 她 / 好 / 很
chàng de tā hǎo hěn

2 私は本を読むのが速くない。

书 / 看 / 看 / 我 / 快 / 不 / 得
shū kàn kàn wǒ kuài bù de

3 兄は英語のしゃべり方が流暢だ。

哥哥 / 说 / 英语 / 流利 / 很 / 得
gēge shuō Yīngyǔ liúlì hěn de

4 彼の娘はとてもかわいい。

可爱 / 得 / 他女儿 / 很 / 长
kě'ài de tā nǚ'ér hěn zhǎng

5 あなたは泳ぐのが速い？

游 / 得 / 不快 / 游泳 / 快 / 你 / ?
yóu de bú kuài yóuyǒng kuài nǐ

6 彼女は字の書き方が私よりきれいだ。

她 / 我 / 漂亮 / 字 / 写 / 写 / 得 / 比
tā wǒ piàoliang zì xiě xiě de bǐ

7 今日は起きるのが早すぎたので、ちょっと眠くなった。

起 / 早 / 太 / 困 / 今天 / 有点儿 / 了 / 得 / ,
qǐ zǎo tài kùn jīntiān yǒudiǎnr le de

8 注射のとき、彼は痛くて大声で叫びだした。

时候 / 大声 / 打针 / 疼 / 得 / 的 / 他 / 叫起来
shíhou dàshēng dǎzhēn téng de de tā jiàoqilai

第3章

129

練習2 右の語句をヒントに、日本語を中国語に訳しましょう。

1 彼らは幸せに暮らしている。

生活
shēnghuó

2 今日私たちは遊園地で楽しく遊んだ。

游乐园
yóulèyuán

3 彼はタバコを吸いすぎる。

多
duō

4 彼女はダンスがうまい？

跳舞
tiàowǔ

5 私は彼女ほどピアノがうまくない。

弹钢琴
tán gāngqín

6 彼は太って以前の服が全部着られなくなった。

胖
pàng
穿不了
chuānbuliǎo

7 私は絵は下手だけど、字はまあまあだ。

画画儿
huà huàr
还可以
hái kěyǐ

8 彼は忙しくて食事する時間もない。

1 她唱得很好。

Tā chàng de hěn hǎo.

目的語を伴わない例。［主語＋動詞＋"得"＋様態補語］という順に並べる。目的語（この文では"歌儿"）が文脈で明らかな場合はよく省略される。

2 我看书看得不快。

Wǒ kàn shū kàn de bú kuài.

目的語を伴い、動詞をくり返す例。［主語＋動詞＋目的語＋動詞＋"得"＋様態補語］という順に並べる。否定は補語の部分で行う。

3 哥哥英语说得很流利。

Gēge Yīngyǔ shuō de hěn liúlì.

目的語を伴い、動詞を1回だけ使う例。［主語＋目的語＋動詞＋"得"＋様態補語］という順になる。なお、前の動詞を省略すると目的語が強調されるニュアンスが出る。

4 他女儿长得很可爱。

Tā nǚ'ér zhǎng de hěn kě'ài.

人の外見を表す場合、よく［"长得"＋特徴（様態補語）］で表す。動詞"长 zhǎng"は「成長する」の意。"长得"は習慣的な表現なので特に訳す必要はなく、省略してもほぼ同じ意味になる。

参考 长得很高（背が高い）/ 长得很瘦（痩せている）/ 长得很漂亮（きれいだ）

5 你游泳游得快不快？

Nǐ yóuyǒng yóu de kuài bu kuài ?

"游泳"のように離合詞の場合は、動詞に相当する部分（"游"）のみをくり返す。なお、離合詞の場合は"(×)我泳游得不快"のように前の動詞を省略できないことが多い（→p.46 離合詞）。

6 她比我写字写得漂亮。

Tā bǐ wǒ xiě zì xiě de piàoliang.

"她写字比我写得漂亮。""她写字写得比我漂亮。"とも言える。比較表現と一緒に用いる場合、"比〜"の位置は比較的自由。また、比較表現の場合は"很""非常"などを用いない（→p.84）。

7 今天起得太早，有点儿困了。

Jīntiān qǐ de tài zǎo, yǒudiǎnr kùn le.

第
3
章

様態補語は習慣的・恒常的なことを表すこともできれば、この文のようにすでに起こったことを表現することもできる。

⑧ **打针的时候他疼得大声叫起来。**

Dǎzhēn de shíhou tā téng de dàshēng jiàoqilai.

様態補語が［連用修飾語＋動詞＋方向補語］からなるフレーズで、当事者の様子を具体的に描写するタイプ。"疼" という状態によって "大声叫起来" という結果が引き起こされたことを表す。痛みの程度を強調するニュアンスもあり、「大声で叫びだすほど痛かった」と訳すこともできる。語順は "疼得他大声叫起来" でもよい。

❶ **他们生活得很幸福。**

Tāmen shēnghuó de hěn xìngfú.

判断・評価するタイプ。目的語を伴わないので［主語＋動詞＋"得"＋様態補語］という語順になる。"很" を忘れないこと。動詞は "生活" の代わりに "过"（(時を) 過ごす、暮らす）を使ってもよい。

❷ **今天我们在游乐园玩儿得很开心。**

Jīntiān wǒmen zài yóulèyuán wánr de hěn kāixīn.

目的語を伴わないタイプ。"玩儿得很高兴/很愉快" などでもよい。

❸ **他吸烟吸得太多。**

Tā xī yān xī de tài duō.

目的語を伴うので［主語＋動詞＋目的語＋動詞＋様態補語］という順になる。前の動詞 "吸" を省略し、"他烟吸得太多。" でもよい。「タバコを吸う」は "抽烟chōuyān" とも言う。

❹ **她跳舞跳得好吗？**

Tā tiàowǔ tiào de hǎo ma？

「上手か」と尋ねる場合、"～得好吗?" 以外に "～得好不好?" "～得怎么样?" とも言える。"跳舞" は離合詞なので "(×)她跳舞得好吗?" とは言えない。

❺ **我弹钢琴没有她弹得 (那么) 好。**

Wǒ tán gāngqín méiyou tā tán de (nàme) hǎo.

比較表現と一緒に使うタイプ。"没有～" の位置は比較的自由。"我弹钢琴弹得没有她 (那么) 好。" "我没有她弹钢琴弹得 (那么) 好。" と言ってもよい。前の "弹" は省略できる。"没有" は "不如" と言い換えられる（→p.89）。

6 他胖得以前的衣服都穿不了了。

Tā pàng de yǐqián de yīfu dōu chuānbuliǎo le.

具体的に描写するタイプ。"穿不了" は "穿不下""穿不进去" とも言える。文末に変化を表す "了" が必要。

7 我（画）画儿画得不好，（写）字写得还可以。

Wǒ (huà) huàr huà de bù hǎo, (xiě) zì xiě de hái kěyǐ.

前の動詞（カッコの中）を省略すると、目的語を強調して "画儿" と "字" を対照させるニュアンスがより強くなる。"还可以"（まあまあだ）は謙遜する場合に使える表現。

8 他忙得吃饭的时间也没有。

Tā máng de chī fàn de shíjiān yě méiyou.

様態補語の部分は "没有时间吃饭""没有吃饭的时间""连吃饭的时间都没有" などでもよい。また、"忙得<u>他</u>吃饭的时间都没有。" のように動作主を後ろに置いてもよい。

様態補語 + α

様態補語と可能補語の区別

様態補語と可能補語はどちらも助詞 "得" を使うため、学習者が混乱することもあるでしょう。たとえば「彼は歌うのが上手いか（知りたい）」と動作の様子を聞く場合と「彼はうまく歌えるのか（心配だ）」と可能性を聞く場合、どちらも "他唱得好吗?" になります。実際には、前者は様態補語の文で発音のストレスを補語の "好" に置き、後者は可能補語の文で通常ストレスを "唱" に置くので、発音の面では違うわけです。反復疑問文にすると、前者は "他唱得好不好?"、後者は "他唱得好唱不好?" となり、文の構造も違ってきます。
また肯定文では、様態補語は "他唱得很好"（彼は歌うのが〈とても〉上手い）のように補語に "很" のような程度を表す成分を伴う必要があるのに対し、可能補語は "他唱得好"（彼はうまく歌える）のように補語の部分には何も入れません。否定文となると、前者は "他唱得不好"、後者は "他唱不好" で "得" の有無が異なってきます。

7 程度補語

"忙得很" "喜欢极了" "高多了" のように形容詞または心理活動を表す動詞の後ろにつけて状態が達した程度が高いことや比較した差が大きいことを強調するものを「程度補語」と言います。程度補語は "得" を伴うものと "了" を伴うものの2種類に分けられます。

程度が高いことを強調するもの

① "得"を伴うもの

忙得很 dehěn（とても忙しい）　　　累得不得了 debùdéliǎo（大変疲れた）
热得要死 deyàosǐ（死ぬほど暑い）　　疼得要命 deyàomìng（死ぬほど痛い）
困得不行 debùxíng（眠くてたまらない）　冻得慌 dehuang（寒くてしょうがない）

② "了"を伴うもの

忙极了 jíle（非常に忙しい）　　　　累死了 sǐle（死ぬほど疲れた）
热坏了 huàile（暑くてたまらない）　倒霉透了 tòule（すごく運が悪い）

比較して差が大きいことを強調するもの

① "得"を伴うもの

高得多 deduō（ずっと高い）　　　　差得远 deyuǎn（はるかに劣る）

② "了"を伴うもの

高多了 duōle（ずっと高い）　　　　差远了 yuǎnle（はるかに劣る）

程度補語のポイント

- 程度補語として使われる語（"很" "极" "慌" "透" など）には本来の意味が若干残っているため、どんな意味の形容詞と動詞にも使えるとは限らない。たとえば、"～得很" "～极了" はプラスの意味にもマイナスの意味にも使えるのに対し、"～得慌" "～透了" はマイナスの意味でしか使わない。

- ほとんどの程度補語は程度がきわめて高いことを表し、"（×）很好极了" のように形容詞や動詞の前にさらに "很" などの程度副詞を使うことは一般にできないが、"很累得慌" のように例外もある。

- 目的語を伴う場合、"我想她想得要死" "我恨死他了！" のように動詞を繰り返したり、目的語を補語の間に挟んだりして使わなければならない場合がある。

それぞれ 【 】から適切な語を選んで空欄に入れましょう。
　　　　　正解は1つとは限りません。

① 我的水平比他差（　　　　）。

Wǒ de shuǐpíng bǐ tā chà（　　）.

私のレベルは彼と比べものにならない（彼よりずっと劣っている）。

【多了　远了　极了】

② 工作了一天，累（　　　　）。

Gōngzuòle yì tiān, lèi（　　）.

一日中働いて大変疲れました。　【得要死　得不行　得多】

③ 他们俩关系好（　　　　）。

Tāmen liǎ guānxi hǎo（　　）.

あのふたりはすごく仲がいい。　【得不行　得不得了　透了】

④ 妻子比他挣得多（　　　　）。

Qīzi bǐ tā zhèng deduō（　　）.

妻は彼より稼ぎがずっと多い。　【得很　得多　得远】

⑤ 收到录取通知书，他高兴（　　　　）。

Shōudào lùqǔ tōngzhīshū, tā gāoxìng（　　）.

合格通知を受け取って、彼はすごくうれしかった。　【得慌　得要命　死了】

⑥ 今天没来得及吃早饭，有点儿饿（　　　　）。

Jīntiān méi láidejí chī zǎofàn, yǒudiǎnr è（　　）.

今日は朝食を食べる時間がなかったので、ちょっとお腹がすいた。

【得慌　得要命　死了】

⑦ 她爱孩子爱（　　　　）。

Tā ài háizi ài（　　）.

彼女は子どもをこよなく愛している。　【得不得了　得慌　得多】

⑧ 这两天他心情糟（　　　　）。

Zhè liǎng tiān tā xīnqíng zāo（　　）.

ここ2、3日、彼は非常に機嫌が悪い。　【得慌　透了　得很】

第3章

135

1 彼の英語は非常に上手い。 【极了】

2 ワクチンを接種した後、腕がひどく痛かった。 【得要命】

打疫苗
dǎ yìmiáo
胳膊
gēbo

3 私は彼が大嫌い！ 【死了】

讨厌
tǎoyàn

4 彼女はぬいぐるみの人形が好きでしょうがない。 【得不行】

绒布娃娃
róngbù wáwa

5 彼はいきなり飛び出てきて、私はすごくびっくりした。 【坏了】

吓
xià

6 いいアイデアが思いつかないのでイライラしている。 【得慌】

主意
zhúyi
烦
fán

7 こういうことは本当に面倒くさい！ 【透了】

麻烦
máfan

8 今の子どもは条件がずっといい。 【多了】

条件
tiáojiàn

136

1 我的水平比他差 (多了 / 远了)。

　　"多了""远了"は両方とも比較した差が大きいことを強調するが、"多了"があらゆる
比較に用いる形容詞と一緒に使えるのに対し、"远了"は"差"と一緒にしか使わない。
"差远了"は「足元にも及ばない」などと訳してもよい。"极了"は「非常に、きわめて」
という意味で、比較表現には使わない。

2 工作了一天，累 (得要死 / 得不行)。

　　本来の意味から見れば、"得要死"は「死ぬほど〜」「〜で死にそう」、"得不行"は「ど
うしようもないほど〜」「〜でもうだめだ」とニュアンスが微妙に違うが、両者はあ
らゆる場合に言い換えることができる。"得多"は比較した差を強調するもので、ここ
では使えない。

3 他们俩关系好 (得不行 / 得不得了)。

　　"得不得了"は「大変〜だ」という意味でプラス・マイナスの両方に使えて、"得不行"
と言い換えることもできる。"透了"はマイナスの意味でしか使わない。

4 妻子比他挣得多 (得多)。

　　"得多"が2つ並んでいると混乱するかもしれないが、1つめの"得多"は様態補語で"挣"
（稼ぐ）を修飾して「多く」という意味であり、2つめの"得多"は程度補語で比較し
た差が大きいことを強調する、「ずっと」という意味。2つの"得多"を合わせて「ず
っと多い」となる。"得很"は「とても」という意味で、比較表現には使わない。"得远"
は"差"以外の形容詞と一緒に使わない。

5 收到录取通知书，他高兴 (得要命 / 死了)。

　　いずれも「死ぬほど〜」という意味。"高兴死了""喜欢得要命"のようにプラスの意
味の語と一緒に使うこともよくある（特に話し言葉）。"得慌"はマイナスの意味でし
か使わない。

6 今天没来得及吃早饭，有点儿饿 (得慌)。

　　"慌"の「あわてる」「居ても立ってもいられない」という本来の意味から、"饿""渴""热"
"累""憋""困"などの語につけ、生理的不快感を表したり、あるいは"烦（イライラ
する）"、"愁（憂える）"、"急（焦る、いらだつ）"などの語につけ、落ち着かない気持
ちを強調したりすることが多い。程度補語のうち、程度を表す副詞（ここでは"有点儿"）
と一緒に使えるものは"得慌"のみ。

7 她爱孩子爱 (得不得了)。

　　心理動詞が目的語を伴い、さらに"得"を伴う程度補語を使う場合、その動詞を繰り
返し［動詞＋目的語＋動詞＋"得"＋程度補語］という形になる。

第3章

这两天他心情糟（ 透了／得很 ）。

"透了" は「まったく」「きわめて」「非常に」といった意味。"糟糕""糟""坏" などの語につけて状況や性質のひどさを強調したり、また "恨""烦""讨厌""伤心""麻烦" などの語につけて心理的不快感を強調したりすることが多い。"得很" よりは強調する程度が高い。"得慌" は状況や性質のひどさを強調するのには使わない。

練習2 解答例と解説

① 他的英语好极了。

Tā de Yīngyǔ hǎo jíle.

"他英语说得好极了" などでもよい。"极了" は「極めて」という意味で最も幅広く使われる程度補語の一つ。

② 打了疫苗以后，胳膊疼得要命。

Dǎle yìmiáo yǐhòu, gēbo téng deyàomìng.

「痛い」のような生理的不快感を表す場合、"透了" を除いてほぼすべての程度を強調する補語を使える。

③ 我讨厌死他了！

Wǒ tǎoyàn sǐ tā le !

心理動詞が目的語を伴い、さらに程度補語 "死了" で強調する場合、[主語＋動詞＋"死"＋目的語＋"了"] という形になる。
参考 我真羡慕死他们了！（私は彼らがすごくうらやましい。）

④ 她喜欢绒布娃娃喜欢得不行。

Tā xǐhuan róngbù wáwa xǐhuan debùxíng.

動詞を繰り返し、[動詞＋目的語＋動詞＋"得不行"] という形になる。"得不得了""得要死""得要命" なども同様の使い方ができる。
参考 爱她爱得要命／恨他恨得要死

⑤ 他突然跳出来，我吓坏了。

Tā tūrán tiàochulai, wǒ xià huàile.

"吓坏我了""把我吓坏了" とも言える。"饿""渴""累""困""忙""气""急""高兴" など、生理や心理状態を表す語は "坏了" と "死了" を伴う場合、基本的この3つの形で表現することができる。
参考 我饿死了／饿死我了／把我饿死了
他高兴坏了／高兴坏他了／把他高兴坏了

6 想不出好主意来，心里烦得慌。

Xiǎngbuchū hǎo zhúyi lai, xīnli fán dehuang.

「思いつかない」は "想不出来"。「イライラする」は "烦"。"烦" の前に "很""特别" などの副詞を伴ってもよい。

7 这种事真是麻烦透了。

Zhè zhǒng shì zhēnshì máfan tòule.

"透了" は「突き抜ける」という本来の意味から、感情を表す場合、「骨の髄まで」「心の底まで」というニュアンスを帯びる。

参考 我恨透他了! （あいつを骨の髄まで恨んでいる。）

8 现在的孩子条件好多了。

Xiànzài de háizi tiáojiàn hǎo duōle.

"现在的孩子条件好得多" も同じ意味になる。ただし「条件がずっとよくなった」のように変化のニュアンスをこめて言う場合、"好多了" のほうがよいかもしれない。

程度補語 ＋α

様態補語との区別

程度補語は数が限られて形も決められているのに対し、様態補語は、たとえば次のように、文脈に応じてほぼ無限かつ自由に作られます。

她高兴得<u>见人就说：我儿子考上北京大学了</u>。

Tā gāoxìng de jiàn rén jiù shuō: Wǒ érzi kǎoshàng Běijīng dàxué le.

（彼女は喜びのあまり人に会うたびに「うちの息子は北京大学に受かったよ」と言う。）

また、程度補語はおもに形容詞と限られた心理動詞に使うのに対し、様態補語にはそのような制限がありません。形容詞と心理動詞以外に、次のようにさまざまな動詞と一緒に使えます。

他<u>跑</u>得浑身都是汗。Tā pǎode húnshēn dōu shì hàn.

（彼は全身汗びっしょりになるほど走った。）

他<u>睡</u>得跟死猪似的。Tā shuìde gēn sǐ zhū shìde.

（彼は死んだ豚のようにぐっすりと寝ている。）

8 数量補語

数量補語とは？

"去过三次"（3回行ったことがある）、"学习了三个小时"（3時間勉強した）のように、動詞の後ろに置いて動作・行為の回数や持続時間などを表す数量フレーズを「数量補語」と言います。

回数を数えるものには"一次cì""两趟tàng""三遍biàn""几下xià"のほか、身体部位や道具からできた"一口kǒu""两眼yǎn""三刀dāo"などがあり、「動量補語」と呼ばれます。
持続時間は"一年""一个星期""两个小时""很长时间""一会儿"などで表し、「時量補語」と呼ばれます。

数量補語と目的語の語順

目的語と動詞の性質によって並べる順序が異なります。同じ出来事についても複数の言い方があり、ニュアンスの違いもあります。おもな規則を確認しましょう。

- 目的語が一般名詞の場合、[動詞＋数量補語＋目的語] となる。
    - 我念了一遍生词。（私は新出単語を一通り読んだ。）
    - 我学了三个小时汉语。（私は3時間中国語を勉強した。）

- 目的語が代名詞の場合、[動詞＋目的語＋数量補語] となる。
    - 我见过他一次。（私は彼に一度会ったことがある。）
    - 我等了她很长时间。（私は長い間彼女を待った。）

- 目的語が場所や人名の場合、目的語と数量補語の置き換えが可能。
    - 去过台湾两次 ⇔ 去过两次台湾 （台湾に2回行ったことがある）
    - 问过一次陈教授 ⇔ 问过陈教授一次（陳教授に一度尋ねたことがある）

- 持続性動作の場合、動詞をくり返して [動詞＋目的語＋動詞＋持続時間] という言い方もある。
    - 他每天学汉语学两个小时。（彼は毎日中国語を2時間勉強する。）
    - 等她等了很长时间。（彼女を長い間待った。）

- 非持続性動作の場合、[動詞＋目的語＋時間＋"了"] となり、時間は動作発生後の経過時間を表す。
    - 我到家已经半个小时了。（私は家に着いてもう30分たった。）

練習 1 日本語を参考にして語句を並べ替え、文を完成させましょう。

1 私は沖縄に2回行ったことがある。

我 / 过 / 冲绳 / 两 / 次 / 去
wǒ　guo　Chōngshéng　liǎng　cì　qù

2 今日、私は1時間バドミントンをした。

打 / 羽毛球 / 了 / 小时 / 一 / 今天 / 个 / 我
dǎ　yǔmáoqiú　le　xiǎoshí　yī　jīntiān　ge　wǒ

3 発音を2時間練習して、死ぬほど疲れた。

发音 / 练 / 练 / 两 / 小时 / 个 / 累死了 / 了 / ，
fāyīn　liàn　liàn　liǎng　xiǎoshí　ge　lèi sǐle　le

4 私は週に1回母親に電話する。

母亲 / 我 / 给 / 次 / 电话 / 打 / 一 / 每个星期
mǔqin　wǒ　gěi　cì　diànhuà　dǎ　yī　měi ge xīngqī

5 その小説はおもしろいので、もう一度読みたい。

我 / 那本小说 / 一 / 有意思 / 再 / 遍 / 很 / 看 / 想 / ，
wǒ　nà běn xiǎoshuō　yī　yǒuyìsi　zài　biàn　hěn　kàn　xiǎng

6 通り過ぎたとき、彼は私をちらっと見た。

时候 / 的 / 走过去 / 他 / 一 / 眼 / 看 / 了 / 我
shíhou　de　zǒuguoqu　tā　yī　yǎn　kàn　le　wǒ

7 私は何度も市役所に足を運んだ。

跑 / 市政府 / 趟 / 好几 / 我 / 了
pǎo　shì zhèngfǔ　tàng　hǎojǐ　wǒ　le

8 彼はポケットというポケットを全部探した。

他 / 口袋 / 所有的 / 找 / 一 / 遍 / 了 / 把 / 都
tā　kǒudai　suǒyǒu de　zhǎo　yī　biàn　le　bǎ　dōu

1 私たちは彼を一度招いたことがある。

邀请
yāoqǐng

2 私は印鑑を何時間も探した。

图章
túzhāng

3 この薬は1日3回、1回につき2錠飲む。

药
yào
片
piàn

4 私は録音を何回も聞いた。

录音
lù//yīn

5 私は王教授に2回インタビューしたことがある。

采访
cǎifǎng

6 その博物館はとても広く、3回行ってやっと一通り見た。

博物馆
bówùguǎn

7 彼はひとくち味見をして、まずいと言った。

尝
cháng

8 彼女はドアを3回軽くノックした。

轻轻地
qīngqīng de
敲
qiāo

1　我去过两次冲绳。

Wǒ qùguo liǎng cì Chōngshéng.

目的語は地名なので "我去过冲绳两次。" でもよい。回数を文末に置く場合、その回数に焦点をあてるというニュアンスが強い。「今まで何回した」「週に何回する」など一般に動作・行為の回数を数える場合は "次" を使う。同じ意味で "回 huí" も使えるが、"次" ほど広く使われていない。

2　今天我打了一个小时羽毛球。

Jīntiān wǒ dǎle yí ge xiǎoshí yǔmáoqiú.

目的語は一般名詞なので［動詞＋持続時間＋目的語］という順になる。一般的にある出来事を伝える場合はこの語順で表す。ちなみに、このとき "打了一个小时的羽毛球" のように時間と目的語の間に "的" を入れることができる。

3　练发音练了两个小时，累死了。

Liàn fāyīn liànle liǎng ge xiǎoshí, lèi sǐle.

"练" が2つあるので動詞をくり返す言い方を使い、［動詞＋目的語＋動詞＋持続時間］という順になる。この言い方は補語の「2時間」に焦点をあてるニュアンスがやや強い。"死了" は "累" の程度を強調する程度補語（→p.134）。

4　我每个星期给母亲打一次电话。

Wǒ měi ge xīngqī gěi mǔqin dǎ yí cì diànhuà.

目的語が一般名詞なので［動詞＋回数＋目的語］という順になる。時間の範囲を示す語（"每个星期"）は述語動詞の前に置く。"我给母亲每个星期打一次电话。" でもよい。

5　那本小说很有意思，我想再看一遍。

Nà běn xiǎoshuō hěn yǒuyìsi, wǒ xiǎng zài kàn yí biàn.

始めから終わりまで一通り行う動作の回数を数える場合は "遍" を使う。よく一緒に使われる動詞には、ほかに "说" "听" "写" "念" などがある。副詞 "再" は動作動詞の前に置く。

6　走过去的时候他看了我一眼。

Zǒuguoqu de shíhou tā kànle wǒ yì yǎn.

"一眼" は「一目見る＝ちらっと見る」。体の一部からできた動量補語の例はほかに "打一拳 dǎ yì quán"（一発殴る）、"打一巴掌 dǎ yì bāzhang"（ぴしゃりと打つ）などがある。動作の様子を描写するニュアンスが強い。使われる数詞はふつう "一" "两" "几" に限られる。

第 3 章

143

7 我跑了好几趟市政府。

Wǒ pǎole hǎojǐ tàng shì zhèngfǔ.

目的語が場所なので "我跑了市政府好几趟。" でもよい。"趟" は往復の回数を数える量詞。"次" も使えるが、往復を特に強調する場合は "趟" を使うべき。"跑" はここで「苦労して行き来する」という意味。

8 他把所有的口袋都找了一遍。

Tā bǎ suǒyǒu de kǒudai dōu zhǎole yí biàn.

全体にわたって一通り行う動作の回数を数える場合も "遍" を使う。「ポケットというポケット」は "所有的口袋"（あらゆるポケット）となる。

参考 打扫了一遍屋子 dǎsǎole yí biàn wūzi（部屋を隅から隅まで掃除した）

練習2 解答例と解説

1 我们邀请过他一次。

Wǒmen yāoqǐngguo tā yí cì.

目的語は代名詞なので［動詞＋目的語＋回数］という語順になる。回数を表す量詞は "次" でも "回" でもよい。

2 我找图章找了好几个小时。

Wǒ zhǎo túzhāng zhǎole hǎojǐ ge xiǎoshí.

「何時間も～した」のように動作の持続時間を強調する場合、［動詞＋目的語＋動詞＋持続時間］という動詞をくり返す言い方を使うほうがいい。"找了好几个小时图章" でもよい。

3 这个药一天吃三次，一次吃两片。

Zhège yào yì tiān chī sān cì, yí cì chī liǎng piàn.

一般に動作を行う回数を表すので "次" か "回" を使う。時間の範囲を示す "一天"（1日に）と "一次"（1回につき）は動詞の前に置く。「（薬を）飲む」は "吃" を使う。

4 我听了好几遍录音。

Wǒ tīngle hǎojǐ biàn lùyīn.

「最初から最後まで数回聞いた」ということなので "遍" を使う。「言う」「聞く」「読む」「書く」などの回数を表す場合、"话" "词" "字" のような短いものに対しても "遍" を使うのが一般的。

参考 那句话说了三遍。（あのひとことを3回も言った。）
把这个词再念一遍。（この単語をもう一度読みなさい。）
这个字写了十遍。（この字を10回書いた。）

5 我采访过两次王教授。

Wǒ cǎifǎngguo liǎng cì Wáng jiàoshòu.

目的語が人なので語順は2通りあり、"我采访过王教授两次。"とも言える。回数を後ろに置く場合、回数に焦点をあてる意味合いが強い。

6 那个博物馆很大，去了三次，总算看了一遍。

Nàge bówùguǎn hěn dà, qùle sān cì, zǒngsuàn kànle yí biàn.

行った回数は"三次"または"三趟"を使う。「一通り」は"一遍"で表す。

7 他尝了一口，说不好吃。

Tā chángle yì kǒu, shuō bù hǎochī.

「ひとくち」は"一口"を使う。「まずい」は"难吃"でもよい。このように話した内容を引用する場合、"了"は不要（→p.34）。

8 她轻轻地敲了三下门。

Tā qīngqīng de qiāole sān xià mén.

ごく短時間の動作のくり返しを表す場合、回数を表す量詞は"下"を使う。

参考 眨了几下眼 zhǎle jǐ xià yǎn （数回まばたきをした）

数量補語 + α

第 **3** 章

顿 dùn： 食事、叱責、殴打などの回数を数え、食事以外は数詞は"一"に限られる。
我们星期天只吃两顿。Wǒmen xīngqītiān zhǐ chī liǎng dùn.
（私たちは日曜は2回しか食事しない。）

阵 zhèn： 一定時間続く動作や状態を数え、天候、音声、気持ち、感覚などに使うことが多く、数詞は"一""几"に限られる。
刚才下了一阵雨。Gāngcái xiàle yí zhèn yǔ.
（さっきひとしきり雨が降った。）

场 cháng： 雨や雪、病気、災害などの回数を数える。
今年冬天下了五六场雪。Jīnnián dōngtiān xiàle wǔ liù cháng xuě.
（今年の冬は5～6回雪が降った。）

场 chǎng： 劇、映画、試合などの上演、上映、実施回数を数える。
昨天我们举行了一场棒球比赛。
Zuótiān wǒmen jǔxíngle yì chǎng bàngqiú bǐsài.
（昨日私たちは野球の試合を行った。）

第 **4** 章
複文と接続語

　複文とは、2つ以上の単文が一定のロジックによって結びつき構成された文を指します。そのロジック関係は2つもしくは1つのつなぎの言葉（接続語）で表すことが多いですが、会話などで文脈が分かる場合は接続語が用いられないこともよくあります。

　この章では、おもに接続語が使われる複文について学習しましょう。接続語が省略されたり使われなかったりする例については、各節の「＋α」で見ていきます。

　複文では、特に接続語の位置に注意が必要です。接続語が接続詞の場合、それが主語にかかるなら主語の前に置き、述語のみにかかるならその述語の前に置くのを原則とします。副詞（"就""也""才"など）は述語を修飾するものなので、述語の前に置き、主語の前に置くことはできません。

1 並列・対照を表す複文

並列・対照関係を表す複文には、おもに以下のようなものがあります。

① **Aでもあり、Bでもある** … 既A，又B　又A，又B

这个孩子**既**可爱，**又**聪明。

Zhège háizi jì kě'ài, yòu cōngming.

（この子はかわいくて、頭もいい。）

又没时间，**又**没钱，这次不参加了。

Yòu méi shíjiān, yòu méi qián, zhè cì bù cānjiā le.

（時間もないし、お金もないから、今回は参加しないことにする。）

② **一方ではA、他方ではB** … 一方面A，（另）一方面B

一方面要努力，**一方面**也应该注意学习方法。

Yì fāngmiàn yào nǔlì, yì fāngmiàn yě yīnggāi zhùyì xuéxí fāngfǎ.

（一方では努力する必要があり、もう一方では学習方法にも気をつけるべきだ。）

③ **AしながらBする** … 一边A，一边B

咱们**一边**走，**一边**聊吧。

Zánmen yìbiān zǒu, yìbiān liáo ba.

（歩きながら話しましょう。）

④ **AしたりBしたり** … 一会儿A，一会儿B

一会儿说行，**一会儿**又说不行，到底行不行？

Yíhuìr shuō xíng, yíhuìr yòu shuō bù xíng, dàodǐ xíng bu xíng？

（大丈夫と言ったり、だめと言ったり、一体どっちなの？）

⑤ **Aではなく、Bである** … 不是A，（而）是B

我**不是**说你，**而是**说她。

Wǒ bú shì shuō nǐ, ér shì shuō tā.

（私はあなたのことではなく、彼女のことを言っているの。）

1 这儿（　　　　　）安静，（　　　　　）干净，就在这儿吧。

ここは静かできれいだ。ここにしましょう。

2 不要（　　　　　）开车（　　　　　）打电话！

運転しながら電話するのをやめて！

3 最近（　　　　　）冷，（　　　　　）热的，注意别感冒了。

最近暑かったり寒かったりするので、風邪をひかないように気をつけて。

4 打工（　　　　　）可以挣钱,（　　　　　）可以增加社会经验。

アルバイトは、一方ではお金を稼ぐことができ、他方では社会経験を積むこともできる。

5 （　　　　　）不想去,（　　　　　）没有时间。

行きたくないのではなく、時間がないの。

6 我（　　　　　）想见她,（　　　　　）怕见她。

私は彼女に会いたくもあるし、会うのが怖くもある。

7 别（　　　　　）说去,（　　　　　）说不去。快拿主意！

行くと言ったり、行かないと言ったりしていないで、早く決めなさい！

8 她（　　　　　）听,（　　　　　）写,（　　　　　）跟着念。

彼女は聞きながら、書いたり、復唱したりしている。

第4章

149

練習2 右の語句をヒントに、日本語を中国語に訳しましょう。

1 この店は品物も多いし、値段も安い。

东西
dōngxi
价钱
jiàqian

2 辞書を引きながら手紙を書き、大変苦労した。

查
chá
费劲
fèijìn

3 彼女は泣いたり笑ったりして、一体どうしたの？

4 私が好きなのは、ほかではなく、彼の人柄だ。

为人
wéirén

5 彼は会社に勤めるかたわら夜学に通っている。

夜校
yèxiào

6 このお弁当は父が作ってくれた。母が作ってくれたのではない。

盒饭
héfàn

7 大学院にも行きたいし、就職することも考えていて、まだ決めていない。

考研究生
kǎo yánjiūshēng
找工作
zhǎo gōngzuò

8 インターネットは一方で多大な利便性をもたらしたが、他方では問題もたくさんある。

互联网
hùliánwǎng
带来
dàilai
方便
fāngbiàn

9 彼女を手伝いたくないのではない。本当にしようがないのだ。

帮助
bāngzhù
实在
shízài

1 这儿（ 既／又 ）安静,（ 又 ）干净, 就在这儿吧。

Zhèr (jì / yòu) ānjìng, (yòu) gānjìng, jiù zài zhèr ba.

「Aでもあり、Bでもある」には "既A又B" "又A又B" を使う。2つはいずれも使える場合が多いが、話し言葉では "又高又瘦" "又说又笑" "又吃又喝" のように、"又A又B" のほうが "既A又B" より1音節の形容詞や動詞と結びつきやすい。

2 不要（ 一边 ）开车（ 一边 ）打电话!

Búyào (yìbiān) kāichē (yìbiān) dǎ diànhuà !

2つの動作を並行して行う場合は "一边A一边B" を使う。"边开车边打电话" "一面开车一面打电话" のように、"边A边B" や "一面A一面B" という言い方もできる。

3 最近（ 一会儿 ）冷,（ 一会儿 ）热的, 注意别感冒了。

Zuìjìn (yíhuìr) lěng, (yíhuìr) rè de, zhùyì bié gǎnmào le.

「Aであったり、またBであったり」という場合には "一会儿A, 一会儿B" を使う。状況や人の考えがころころ変わるということを表す。ここでの "的" は状況を描写するフレーズの後ろで「〜という様子だ」「〜のような状況だ」という語気を表すもの。

4 打工（ 一方面 ）可以挣钱,（（另）一方面 ）可以增加社会经验。

Dǎgōng (yì fāngmiàn) kěyǐ zhèng qián, ((lìng) yì fāngmiàn) kěyǐ zēngjiā shèhuì jīngyàn.

「一方ではA、他方ではB」という場合は "一方面A, (另) 一方面B" を使う。"既A又B" も使えるが、"一方面A, (另) 一方面B" のほうが道理を説くニュアンスが強い。

5 （ 不是 ）不想去,（ (而)是 ）没有时间。

(Bú shì) bù xiǎng qù, ((ér) shì) méiyou shíjiān.

「Aではなく、Bである」という場合は "不是A, (而) 是B" を使う。"是没有时间, (而) 不是不想去。" のように、"是B, (而) 不是A"（Bであり、Aではない）という言い方もできる。"而" を使ったほうが「その逆である」ということをより強調するニュアンスがある。

6 我（ 既／又 ）想见她,（ 又 ）怕见她。

Wǒ (jì / yòu) xiǎng jiàn tā, (yòu) pà jiàn tā.

「Aでもあり、Bでもある」なので "既A又B" "又A又B" が正解。「対立する2つの面がある」という意味では "一方面A, 另一方面又B" も使える。

7 别（ 一会儿 ）说去,（ 一会儿 ）说不去。快拿主意!

Bié (yíhuìr) shuō qù, (yíhuìr) shuō bú qù. Kuài ná zhúyi !

第4章

151

「ころころ変わらないように」という意味なので "一会儿A，一会儿B" を使う。

8 她 （ 一边 ） 听，（ 一边 ） 写，（ 一边 ） 跟着念。

Tā (yìbiān) tīng, (yìbiān) xiě, (yìbiān) gēnzhe niàn.

3つの動作を並行して行う例。この文のように "一边"（"一面""边"）を3つ続けて使ってもよい。

---

1 这家商店东西既多，价钱又便宜。

Zhè jiā shāngdiàn dōngxi jì duō, jiàqian yòu piányi.

「AでもありBでもある」には "既A又B" "又A又B" を使う。"既" "又" は副詞なので主語の後ろ、述語の前に置き、"(×)既东西多，又价钱便宜。" とは言えない。

2 一边查词典，一边写信，很费劲。

Yìbiān chá cídiǎn, yìbiān xiě xìn, hěn fèijìn.

「AしながらBした」なので "一边A一边B"（"一面A一面B""边A边B"）を使う。「大変苦労した」は "费了很大劲" "费了很多劲" などでもよい。

3 她一会儿哭，一会儿笑的，到底怎么了？

Tā yíhuìr kū, yíhuìr xiào de, dàodǐ zěnme le ?

「Aしたり、またBしたり」という場合は "一会儿A，一会儿B" を使う。「～という様子だ」を表す "的" をつけたほうが自然。

4 我喜欢的不是别的，而是他的为人。

Wǒ xǐhuan de bú shì bié de, ér shì tā de wéirén.

「AではなくBである」には "不是A，(而)是B" を使う。"我喜欢的" が主語になる。

5 他一边在公司上班，一边上夜校。

Tā yìbiān zài gōngsī shàngbān, yìbiān shàng yèxiào.

「AしながらBする」なので "一边A一边B" を使う。"上班" の代わりに "工作" でもよい。

6 这个盒饭是爸爸给我做的，不是妈妈做的。

Zhège héfàn shì bàba gěi wǒ zuò de, bú shì māma zuò de.

「Aであり、Bではない」なので "是A，(而)不是B" を使う。

152

7 既想考研究生，又想找工作，还没决定。

Jì xiǎng kǎo yánjiūshēng, yòu xiǎng zhǎo gōngzuò, hái méi juédìng.

「AでもありあBでもある」なので "既A又B" "又A又B" を使う。「考えがころころ変わって、なかなか決められない」ということを強調したい場合は "一会儿A，一会儿B" も使える。「就職する」は "就业" "工作" でもよい。

8 互联网一方面带来了很大的方便，另一方面又有很多问题。

Hùliánwǎng yì fāngmiàn dàilaile hěn dà de fāngbiàn, lìng yì fāngmiàn yòu yǒu hěn duō

wèntí.

「一方ではA、他方ではB」なので "一方面A，(另) 一方面B" を使う。2つの内容は対立関係にあるので、"另一方面又…" のように "又" で強調するのがより自然。"互联网" は "因特网 yīntèwǎng" とも言う。

9 我不是不想帮助她，而是实在没办法。

Wǒ bú shì bù xiǎng bāngzhù tā, ér shì shízài méi bànfǎ.

「AではなくあBである」なので "不是A，(而) 是B" を使う。「本当に」は "真的" "确实" などでもよい。"没办法" は「方法がない」、つまり「しようがない」の意になる。

並列・対照を表す複文 ＋α

148ページのような接続語を使わずに、または別の言葉を使うことによっても、並列・対照を表すことができます。

我是北京人，她是上海人。
(私は北京出身で、彼女は上海出身です。)

她喜欢看电影，我也喜欢看电影。
(彼女は映画を観るのが好きで、私も映画を観るのが好きだ。)

他总迟到，又不爱学习，所以常挨批评。
(彼はいつも遅刻し、また勉強も嫌いなので、よく叱られる。)

两个人是同学，同时 (也) 是好朋友。
(ふたりは同級生で、同時に親友でもある。)

我们要努力，另一方面也要重视学习方法。
(我々は努力せねばならない。また、学習方法に気をつけることも必要だ。)

第**4**章

2 前後・連続を表す複文

前後する動作、連続する動作を表す複文には、おもに以下のようなものがあります。

① 先にAして、それからBする … 先A，然后/再/又B

通常、"再"は習慣的なことやこれから起こること、"又"はすでに起こったことに使う。"然后"は両方に使える。"先A，然后再B""先A，然后又B"でもよい。

先坐地铁，**再**换公交。

Xiān zuò dìtiě, zài huàn gōngjiāo.

(まず地下鉄に乗って、それからバスに乗り換える。)

② 先にAしてから、やっとBする … 先A，然后才B

先把朋友们的伊妹儿都回了，**然后才**安下心来写日记。

Xiān bǎ péngyoumen de yīmèir dōu huí le, ránhòu cái ānxia xīn lai xiě rìjì.

(まず友達のメールをみんな返信してから、やっと落ち着いて日記を書き始めた。)

③ 先にAして、引き続きBする … 先A，接着再/又/就B

"就"を使う場合は「すぐ」のニュアンスがさらに強い。

我们**先**去宾馆放下行李，**接着就**去逛街怎么样？

Wǒmen xiān qù bīnguǎn fàngxia xíngli, jiēzhe jiù qù guàng jiē zěnmeyàng？

(まずホテルに荷物を置いて、そのまま街を散歩しに行ったらどう？)

④ 最初はA、あとになったらB … 开始A，后来/以后B

"后来"は過去に起こったことのみに使う。"以后"は過去に起こったこと、これから起きること両方に使える。

开始不适应，**后来**慢慢习惯了。

Kāishǐ bú shìyìng, hòulái mànmàn xíguàn le.

(最初は慣れなかったが、あとになってだんだん慣れた。)

⑤ AするとすぐBする … 一A就B

("一A就B"は一種の条件文。ここではおもに前後関係を言う場合を扱う。)

他**一**放暑假，**就**去旅行了。

Tā yí fàng shǔjià, jiù qù lǚxíng le.

(彼は夏休みになると、すぐ旅に出た。)

1 (　　　　　) 洗手 (　　　　　) 吃。

手を洗ってから食べなさい。

2 他总是 (　　　　　) 把作业都做完了,(　　　　　) 打开电视。

彼はいつも宿題を全部終わらせてから、やっとテレビをつける。

3 (　　　　　) 去了文具店,(　　　　　) 去咖啡店坐了一会儿。

まず文房具店に行って、そのあと喫茶店でゆっくりした。

4 (　　　　　) 也许觉得难,(　　　　　) 会好起来的。

最初は難しく感じるかもしれないが、あとはよくなるはずだ。

5 (　　　　　) 量了血压,(　　　　　) 检查了视力。

まず血圧を測って、続いて視力を検査した。

6 老周 (　　　　　) 到,咱们 (　　　　　) 出发。

周さんが来たらすぐ出発しましょう。

7 她 (　　　　　) 同意,(　　　　　) 又变主意了。

彼女は当初賛成したが、あとになってまた考えを変えた。

8 (　　　　　) 去办护照,(　　　　　) 去大使馆申请签证。

先にパスポートの手続きをしてから、大使館にビザを申請しに行く。

練習2 右の語句をヒントに、日本語を中国語に訳しましょう。

1 私たちはまずビールを2本飲み、それから彼女はさらにワインを1杯注文した。

葡萄酒
pútaojiǔ
要
yào

2 先に料理酒を入れ、そのあとしょうゆを入れたほうがいい。

料酒
liàojiǔ
放
fàng

3 まず飛行機で北京に行って、引き続き高速鉄道で青島に行く。

高铁
gāotiě

4 最初はちょっと緊張したが、あとになってリラックスした。

紧张
jǐnzhāng
放松
fàngsōng

5 彼が先に私を罵ったから、私は手を出したのだ。

骂
mà
动手
dòng//shǒu

6 彼はいつもお風呂に入ってから夕飯を食べる。

7 彼が会場に入ると、みんなは拍手しだした。

鼓掌
gǔ//zhǎng

8 まず洗濯して、それから部屋の掃除をして、2時になってやっと昼ご飯を食べた。

9 私は向こうに着いたらすぐあなたに連絡します。

那边
nàbian
联系
liánxì

1 （ 先 ） 洗手 （ 再 ） 吃。

(Xiān) xǐ shǒu (zài) chī.

「先にAして、それからBする」という場合は "先A, 再B" "先A, 然后B" "先A, 然后再B" を使う。"再" は「ある時点になってから」「ある条件が整ってから」という意味で、これから起こることや習慣的なことに使う。"然后" を使うとその前後の順序がより強調される。このような短い文の場合、"再" を使ってコンマは使わないのがふつう。

2 他总是 （ 先 ） 把作业都做完了, （ 然后才 ） 打开电视。

Tā zǒngshì (xiān) bǎ zuòyè dōu zuòwán le, (ránhòu cái) dǎkāi diànshì.

「先にAしてから、やっとBする」という場合は "先A, 才B" "先A, 然后才B" を使う。"才" はBの開始・発生が遅いと感じていることを表す。

3 （ 先 ） 去了文具店, （ 然后又 ） 去咖啡店坐了一会儿。

(Xiān) qùle wénjùdiàn, (ránhòu yòu) qù kāfēidiàn zuòle yíhuìr.

「先にAして、それからBした」という場合は "先A, 又B" "先A, 然后又B" を使う。"又" は過去に起こったことに使う。なお、「文房具屋さんに行ってから、その足で喫茶店に直行した」ということを強調したい場合は "先A, 接着又B" を使ってもよい。

4 （ 开始 ） 也许觉得难, （ 以后 ） 会好起来的。

(Kāishǐ) yěxǔ juéde nán, (yǐhòu) huì hǎoqilai de.

「最初はA、あとになったらB」という場合は "开始A, 以后B" を使う。これからのことなので "后来" は使えない。

5 （ 先 ） 量了血压, （ 接着又 ） 检查了视力。

(Xiān) liángle xuèyā, (jiēzhe yòu) jiǎnchále shìlì.

「先にAして、引き続きBした」という場合は "先A, 接着又B" を使う。"接着" は「途切れることなく」「その場で」ということを表す。

6 老周 （ 一 ） 到, 咱们 （ 就 ） 出发。

Lǎo Zhōu (yí) dào, zánmen (jiù) chūfā.

「AになるとすぐBする」という場合は "一A就B" を使う。"一A就B" は一種の条件文。この文では前半の条件Aと後半の行動Bが前後して起こることを表すニュアンスが強い（→p.184）。

7 她 （ 开始 ） 同意, （ 后来 ） 又变主意了。

第
4
章

Tā (kāishǐ) tóngyì, (hòulái) yòu biàn zhúyi le.

「最初はA、あとになったらB」は "开始A，后来B" "开始A，以后B" を使う。過去のことなので "后来" "以后" の両方を使える。

8 （ 先 ）去办护照，（ 再 ）去大使馆申请签证。

(Xiān) qù bàn hùzhào, (zài) qù dàshǐguǎn shēnqǐng qiānzhèng.

「先にAして、それからBする」は "先A，再B" "先A，然后B" "先A，然后再B" を使う。この "办" は "办理bànlǐ" と同じで「手続きをする」という意味。

1 我们先喝了两瓶啤酒，然后她又要了一杯葡萄酒。

Wǒmen xiān hēle liǎng píng píjiǔ, ránhòu tā yòu yàole yì bēi pútaojiǔ.

「先にAして、それからBした」という場合は "先A，又B" "先A，然后 (又) B" を使う。"又" は副詞なので必ず主語の後ろに置く。過去に起こったことなので "再" は使えない。

2 最好先放料酒，再放酱油。

Zuìhǎo xiān fàng liàojiǔ, zài fàng jiàngyóu.

「先にAして、それからBする」は "先A，再B" "先A，然后B" "先A，然后再B" を使う。

3 先坐飞机去北京，接着再坐高铁去青岛。

Xiān zuò fēijī qù Běijīng, jiēzhe zài zuò gāotiě qù Qīngdǎo.

「先にAして、引き続きBする」は "先A，接着再B" か "先A，接着就B" を使う。「そのまま乗り継ぐ」という意味。"再" は「それから」、"就" は「すぐ」というニュアンス。

4 开始有点儿紧张，后来放松了。

Kāishǐ yǒudiǎnr jǐnzhāng, hòulái fàngsōng le.

「最初はA、あとになったらB」は "开始A，后来B" "开始A，以后B" を使う。過去のことなので "后来" も "以后" も使える。

5 是他先骂我，（然后）我才动手的。

Shì tā xiān mà wǒ, (ránhòu) wǒ cái dòngshǒu de.

「自分が手を出したのがあとのこと」だと強調するので「先にAしてから、やっとBした」を表す "先A，才B" を使う。すでに起こったことについて「だれがそれを起こしたか」を説明する場合、"是…的" の構文を使うべき（→p.11, 38）。

6 他总是先洗澡再吃晚饭。

Tā zǒngshì xiān xǐzǎo zài chī wǎnfàn.

「先にAして、それからBする」には "先A (然后) 再B" を使う。"先A, 才B" も使える。習慣的なことなので "又" は使えない。

7 他一进会场，大家就鼓起掌来。

Tā yí jìn huìchǎng, dàjiā jiù gǔqi zhǎng lai.

「AするとすぐBした」は "一A就B" を使う。"一" と "就" は副詞でそれぞれ前後2つの動詞の前に置く。"(×)就大家鼓起掌来" のように "就" は主語の前に置けないので要注意。"鼓掌" は離合詞なので、目的語部分 "掌" が "起来" (〜しだす) の間に割り込む (→p.113①)。

8 先洗 (了) 衣服，又打扫 (了) 房间，到 (了) 两点才吃午饭。

Xiān xǐ(le) yīfu, yòu dǎsǎo(le) fángjiān, dào(le) liǎng diǎn cái chī wǔfàn.

「先にAして、またBして、それからやっとCした」ということ。3つの動作が連続して行われる例。連続して行われた動作の場合、最後の動詞の後ろだけに "了" をつけてもよいが、"才" の後ろの動詞は "了" を伴わないのがふつう。

9 我一到那边就跟你联系。

Wǒ yí dào nàbian jiù gēn nǐ liánxì.

「AするとすぐBする」には "一A就B" を使う。"我一到那边马上就跟你联系。" のように "马上" もよく一緒に使われる。

前後・連続を表す複文 ＋α

日常会話では前半の "先" や "一" などが使われないことも多いです。

洗完澡再吃吧。（お風呂に入ってから食べよう。）

看了电影，又去买了东西。（映画を見たあと、買い物をした。）

到了那边就跟你联系。（そこに着いたら連絡するよ。）

そのほか、前後関係を表すいろいろな表現があります。

到时候再说吧。Dào shíhou zài shuō ba. （そのときになったら考えよう。）

吃饭以后，她马上睡了。Chī fàn yǐhòu, tā mǎshàng shuì le.
（食事したあと、彼女はすぐ寝た。）

刚毕业，她就出国了。Gāng bìyè, tā jiù chūguó le.
（彼女は卒業したばかりですぐ海外へ行った。）

第
4
章

3 取捨・選択を表す複文

取捨・選択を表す複文には、おもに以下のものがあります。

① **Aか、それともBか?** … ‖ (是) A还是B ‖

你（是）喝咖啡**还是**喝红茶？

Nǐ (shì) hē kāfēi, háishi hē hóngchá?

（あなたはコーヒーにしますか、それとも紅茶にしますか。）

② **AあるいはB** … ‖ A或者B ‖ 或者A，或者B ‖ 要么A，要么B ‖

我比较喜欢用钢笔**或者**毛笔。

Wǒ bǐjiào xǐhuan yòng gāngbǐ huòzhě máobǐ.

（私はわりとペンか毛筆を使うのが好きだ。）

或者/要么我去，**或者/要么**你去，反正得有人去。

Huòzhě/Yàome wǒ qù, huòzhě/yàome nǐ qù, fǎnzheng děi yǒu rén qù.

（私が行くかあなたが行くか、とにかくだれかが行かなければならない。）

③ **Aでなければ（必ず）Bである** … ‖ 不是A，就是B ‖

不是今天，**就是**明天，看你哪天合适。

Bú shì jīntiān, jiù shì míngtiān, kàn nǐ nǎ tiān héshì.

（今日でなければ明日にします。あなたの都合に合わせますよ。）

④ **AしてでもBする** … ‖ 宁可A，也要B ‖

今晚**宁可**熬夜，**也要**把报告写完。

Jīnwǎn nìngkě áoyè, yě yào bǎ bàogào xiěwán.

（今夜徹夜してでもレポートを書き上げなければならない。）

⑤ **AしてでもBしない** … ‖ 宁可A，也不B ‖

我**宁可**走着去，**也不**愿意坐公交。

Wǒ nìngkě zǒuzhe qù, yě bú yuànyì zuò gōngjiāo.

（私は歩いて行くとしてもバスには乗りたくない。）

⑥ **AするよりもBするほうがいい／ましだ** … ‖ 与其A，(还) 不如B ‖

与其去电影院，**不如**在网上看。

Yǔqí qù diànyǐngyuàn, bùrú zài wǎngshàng kàn.

（映画館に行くよりも、ネットで見たほうがいい。）

① 我们坐公交（　　　　　）坐地铁？

バスで行くの、それとも地下鉄で行くの？

② 第二外语我想选西班牙语（　　　　　）德语。

第二外国語は、スペイン語またはドイツ語のいずれかを選びたい。

③ （　　　　　）花一百万，（　　　　　）买到手。

百万払っても手に入れなければならない。

④ （　　　　　）问别人，（　　　　　）自己上网查一下。

人に聞くより、自分でネットで調べたほうがいい。

⑤ （　　　　　）饿着，（　　　　　）吃这种垃圾食品。

お腹がすいていても、こんなジャンクフードは食べない。

⑥ 暑假（　　　　　）回老家,（　　　　　）去旅行,很少呆在北京。

夏休みは実家に帰るのでなければ旅行に行く。めったに北京にいない。

⑦ （　　　　　）吃西餐,（　　　　　）吃中餐,我们正在商量呢。

洋食か中華か、いま私たちは相談しているところだ。

⑧ （　　　　　）不挣钱,（　　　　　）想干这样的工作。

お金を稼げなくても、このような仕事をやりたくない。

練習2 右の語句をヒントに、日本語を中国語に訳しましょう。

1 電話するよりもメールを送るほうがいい。

发邮件
fā yóujiàn

2 携帯を換えるか、それともタブレットを買うか、まだ悩んでいる。

平板电脑
píngbǎn diànnǎo
犹豫
yóuyù

3 損失を被ってでも、信用を守らなければならない。

吃亏
chī//kuī
守信用
shǒu xìnyòng

4 賛成するかしないか、自らの態度をはっきり示すべきだ。

同意
tóngyì
表明
biǎomíng

5 子どもに対しては、叱るよりもたくさんほめてあげたほうがいい。

批评
pīpíng
表扬
biǎoyáng

6 叱られても、うそはつけない。

挨骂
ái mà
撒谎
sā//huǎng

7 彼は動画を見るのでなければ、ゲームをする。ほとんど勉強しない。

视频
shìpín

8 夕食はお寿司か刺身だけを食べたい。ほかは食べたくない。

寿司
shòusī
生鱼
shēngyú

1 我们坐公交 （ 还是 ） 坐地铁？

Wǒmen zuò gōngjiāo (háishi) zuò dìtiě ?

質問する場合は"A或者B"は使えないので要注意。また、前後の動詞（ここでは"坐"）は同じでも省略しないこともよくある。

2 第二外语我想选西班牙语 （ 或者 ） 德语。

Dì èr wàiyǔ wǒ xiǎng xuǎn Xībānyáyǔ (huòzhě) Déyǔ.

質問や疑問ではなく、選択の対象がすでに決まったということを伝える場合は"还是"は使えない。誤用が多いので要注意。

3 （ 宁可 ） 花一百万，（ 也要 ） 买到手。

(Nìngkě) huā yìbǎiwàn, (yě yào) mǎidào shǒu.

「AしてでもBする」という場合は"宁可A, 也要B"を使う。「Aは不利益なことだが、それを受け入れる覚悟でBをやり遂げる」ということを表す。"宁可"は"宁愿 nìngyuàn"に言い換えられる。

4 （ 与其 ） 问别人，（ 不如 ） 自己上网查一下。

(Yǔqí) wèn biéren, (bùrú) zìjǐ shàngwǎng chá yíxià.

「AするよりもBするほうがいい」は"与其A, (还) 不如B"を使う。AとBを比べてBのほうを選ぶということを表す。

5 （ 宁可 ） 饿着，（ 也不 ） 吃这种垃圾食品。

(Nìngkě) èzhe, (yě bù) chī zhè zhǒng lājī shípǐn.

「AしてでもBしない」ということ。「Aは話者にとっては不利益なことだが、それでもAのほうを選ぶ」「Bのほうが絶対いやだ」ということを表す。"宁可"は"宁愿"に言い換えられる。

6 暑假 （ 不是 ） 回老家，（ 就是 ） 去旅行，很少呆在北京。

Shǔjià (bú shì) huí lǎojiā, (jiù shì) qù lǚxíng, hěn shǎo dāizài Běijīng.

「Aでなければ（必ず）B」ということ。"要么A, 要么B""或者A, 或者B"にも言い換えられるが、"不是A, 就是B"のほうが言い切る語気がより強い。

7 （ 或者／要么 ） 吃西餐，（ 或者／要么 ） 吃中餐，我们正在商量呢。

(Huòzhě / Yàome) chī xīcān, (huòzhě / yàome) chī zhōngcān, wǒmen zhèngzài shāngliang ne.

第 4 章

単に選択肢を述べる場合は "或者A或者B" "要么A要么B" または "A或者B" を使う。「Aかそれともをか、まだ迷っている」という気持ちを含む場合は "是A还是B" も使える。

⑧（ 宁可 ）不挣钱，（ 也不 ）想干这样的工作。

(Nìngkě) bú zhèng qián, (yě bù) xiǎng gàn zhèyàng de gōngzuò.

「AであってもBしない」のパターンなので "宁可A，也不B" を使う。

練習2 解答例と解説

❶ 与其打电话，不如发邮件。

Yǔqí dǎ diànhuà, bùrú fā yóujiàn.

「AするよりもBするほうがいい」には "与其A，(还) 不如B" を使う。"邮件" は "电子邮件" の略。代わりに "伊妹儿" を使ってもよい。

❷ 换手机还是买平板电脑，还在犹豫。

Huàn shǒujī háishi mǎi píngbǎn diànnǎo, hái zài yóuyù.

「Aか、それともBか」には " (是) A还是B" を使う。前半の "是" は省略されることが多い。「どちらにするか悩んでいる」という気持ちを表す場合は "或者" を使えない。

❸ 宁可吃亏，也要守信用。

Nìngkě chīkuī, yě yào shǒu xìnyòng.

「AしてでもBする」には "宁可A，也要B" を使う。語気を強める場合、"宁可A，也一定要/也必须B" などと言ってもよい。「損失を被る」は "受损失 shòu sǔnshī" "受损" でもよい。

❹ 或者同意，或者不同意，应该表明自己的态度。

Huòzhě tóngyì, huòzhě bù tóngyì, yīnggāi biǎomíng zìjǐ de tàidu.

単に選択肢を提示する場合、"或者A，或者B" "要么A，要么B" を使う。相手の態度に疑念や疑問を抱いているというニュアンスを表す場合は " (是) A还是B" も使える。

❺ 对孩子，与其批评，不如多表扬。

Duì háizi, yǔqí pīpíng, bùrú duō biǎoyáng.

「AするよりもBするほうがいい」というパターンなので "与其A，(还) 不如B" を使う。

❻ 宁可挨骂，也不能撒谎。

Nìngkě ái mà, yě bù néng sāhuǎng.

「AしてでもBしない」には "宁可A，也不B" を使う。"挨骂" は "挨批评" と言ってもよい。「うそをつく」は "说谎" とも言う。

7 他不是看视频，就是玩儿游戏，很少学习。

Tā bú shì kàn shìpín, jiù shì wánr yóuxì, hěn shǎo xuéxí.

「Aでなければ（必ず）B」には "不是A, 就是B" を使う。「ほとんど勉強しない」は "几乎/基本上不学习 jīhū/jīběnshàng bù xuéxí" などと言ってもよい。

8 晚饭只想吃寿司或者生鱼，不想吃别的。

Wǎnfàn zhǐ xiǎng chī shòusī huòzhě shēngyú, bù xiǎng chī biéde.

選択の対象がすでに決まったということを伝えるので "A或者B" を使う。目的語には "或者A, 或者B" "要么A, 要么B" は使えない（＋αを参照）。副詞 "只" は "就"「もっぱら」に言い換えられる。

取捨・選択を表す複文 ＋**α**

"〜或者…""或者〜或者…""要么〜要么…"の使い分け

以下のような場合はふつう "〜或者…" のみが使われます。
◉2つの目的語を接続する場合：
　放糖或者蜂蜜。Fàng táng huòzhě fēngmì.（砂糖かハチミツを入れる。）

◉2つの修飾語を接続する場合：
　开心或者难过的时候我就听音乐。
　Kāixīn huòzhě nánguò de shíhou wǒ jiù tīng yīnyuè.
　（うれしいときや辛いときに、私は音楽を聴く。）

◉接続する語句が1つの語句で修飾される場合：
　句子的主语或者宾语 jùzi de zhǔyǔ huòzhě bīnyǔ（文の主語または目的語）

以下のような場合はふつう "或者〜或者…""要么〜要么…" が使われる。
◉主語の前に置いて2つ（以上）の選択肢を提示する場合：
　或者/要么你去，或者/要么我去，反正得有人去。

◉述語の前に置いて2つ（以上）の選択肢を提示する場合：
　你或者/要么赞成，或者/要么反对，必须表明自己的意见。

ただし、"你去，或者我去…" のように省略してもよい場合もある。

4 目的・理由を表す複文

目的を表す①〜③、因果関係を表す④〜⑥、それぞれのパターンを見てみましょう。

① Aのために Bする … 为了A，B

为了练习会话，他常找留学生聊天儿。

Wèile liànxí huìhuà, tā cháng zhǎo liúxuéshēng liáotiānr.

（会話を練習するために、彼はよく留学生を訪ねて雑談する。）

② AしてBできるようにする … A，以便B

他把手机放在枕头旁边，以便伸手就能够着。

Tā bǎ shǒujī fàngzài zhěntou pángbiān, yǐbiàn shēn shǒu jiù néng gòuzháo.

（彼は携帯電話を枕のとなりに置いて、手を伸ばせば届くようにした。）

③ AしてBせずにすむようにする … A，省得／免得／以免B

把要买的东西都写在纸上，省得忘了。

Bǎ yào mǎi de dōngxi dōu xiězài zhǐ shàng, shěngde wàng le.

（買いたいものを紙にメモして、忘れないように。）

④ AなのでB … 因为A，所以B　由于A，因此B　因为A，结果B

因为这儿的风景很美，所以来玩儿的人很多。

Yīnwèi zhèr de fēngjǐng hěn měi, suǒyǐ lái wánr de rén hěn duō.

（ここの風景はとても美しいので、遊びに来る人が多い。）

因为当时太紧张，结果把台词忘了。

Yīnwèi dāngshí tài jǐnzhāng, jiéguǒ bǎ táicí wàng le.

（そのとき緊張しすぎたために、セリフを忘れた。）⇒おもに予期しない結果を表す

⑤ AなのはBだからだ … 之所以A，是因为B

我之所以没去，是因为不想浪费时间。

Wǒ zhī suǒyǐ méi qù, shì yīnwèi bù xiǎng làngfèi shíjiān.

（私が行かなかったのは時間を無駄にしたくなかったからだ。）

⑥ AしたからにはBする … 既然A，就B

既然知道自己错了，就应该道歉。

Jìrán zhīdao zìjǐ cuò le, jiù yīnggāi dàoqiàn.

（自分が間違いを犯したとわかった以上、謝るべきだ。）

左ページから適切なパターンを選び、空欄を埋めましょう。
ただし、空欄のまま何も入らない場合もあります。

① （　　　　　　） 保持体型，（　　　　　　　　） 她每天都去健身房。

体型を維持するために、彼女は毎日ジムに通っている。

② （　　　　　） 他是春天生的，（　　　　　） 父母给他起名叫
"春生"。

彼は春に生まれたため、両親は彼を「春生」と名づけた。

③ （　　　　　） 我想减少打工的时间,（　　　　　　　） 影响学习。

私はバイトの時間を減らしたい。勉強に影響しないように。

④ （　　　　　） 遭到反对，（　　　　　　） 这个政策太不合理了。

反対されるのは、この政策があまりにも理にかなっていないからだ。

⑤ （　　　　　） 他伤了腿，（　　　　　　） 在床上躺了两个星期。

彼は足をけがしたので、ベッドで2週間も寝ていた。

⑥ （　　　　　　） 是自己选择的道路,（　　　　　） 只有向前走。

自分が選んだ道である以上、突き進むしかない。

⑦ （　　　　　）我把课本又看了一遍,（　　　　　）巩固一下基础。

基礎を固めるために、教科書をもう一度読み直した。

⑧ （　　　　　） 这个工作不适合自己,（　　　　　　） 应该换工作。

この仕事が自分に合わないからには転職するべきだ。

練習2 右の語句をヒントに、日本語を中国語に訳しましょう。

1 彼がこんなに人気があるのは、非常にユーモアがあるからだ。

受欢迎
shòu huānyíng
幽默
yōumò

2 ほかの人を邪魔しないために、携帯をマナーモードに設定した。

影响
yǐngxiǎng
调成静音
tiáochéng jìngyīn

3 彼が好きではないと言ったからには、もう無理に食べさせないで。

勉强
miǎnqiǎng

4 彼は風邪を予防するため、外出するときよくマスクをする。

预防
yùfáng
戴口罩
dài kǒuzhào

5 彼はいつも徹夜するので、体の調子はますます悪くなった。

熬夜
áo//yè
越来越〜
yuèláiyuè〜

6 交通費を節約するため、私は自転車で出勤するつもりだ。

节约
jiéyuē
交通费
jiāotōngfèi

7 彼女に言わなかったのは、彼女を心配させたくなかったからだ。

担心
dān//xīn

8 交通渋滞がひどいので、ふだんはめったに車で出かけない。

堵车
dǔ//chē
厉害
lìhai

1 （ 为了 ） 保持体型，（　　 ） 她每天都去健身房。

（ Wèile) bǎochí tǐxíng, (　　) tā měitiān dōu qù jiànshēnfáng.

前半は目的、後半はその目的を実現するための行動を表すので "为了A，B" を使う。
後半の空欄には何も入れない。

2 （ 因为 ） 他是春天生的，（ 所以 ） 父母给他起名叫"春生"。

（ Yīnwèi) tā shì chūntiān shēng de, (suǒyǐ) fùmǔ gěi tā qǐmíng jiào "Chūnshēng".

「AなのでB」という場合は "因为A，所以B" または "由于A，因此B" を使う。"由于A，因此B" は書き言葉的な表現。"由于A，所以B" とも言える。"因为A，结果B" は予期しない結果や望ましくない結果を表すので、この文にはふさわしくない。

3 （　　 ） 我想减少打工的时间，（ 省得 ） 影响学习。

（　　) Wǒ xiǎng jiǎnshǎo dǎgōng de shíjiān, (shěngde) yǐngxiǎng xuéxí.

「AしてBせずにすむようにする」ということ。後半の頭に "省得" "免得" "以免" のいずれかを使い、「避けたいこと」を表す。"省得" "免得" と比べ、"以免" はより改まった表現。第三者のことを述べるには "以免" のほうが向いている。

4 （ 之所以 ） 遭到反对，（ 是因为 ） 这个政策太不合理了。

（ Zhī suǒyǐ) zāodào fǎnduì, (shì yīnwèi) zhège zhèngcè tài bù hélǐ le.

「AなのはBだからだ」という場合は "之所以A，是因为B" を使う。原因を説明することに重点が置かれるパターン。相手の疑問に答えたりする場合によく使う。

5 （ 因为 ） 他伤了腿，（ 所以 ） 在床上躺了两个星期。

（ Yīnwèi) tā shāngle tuǐ, (suǒyǐ) zài chuáng shàng tǎngle liǎng ge xīngqī.

"因为A，所以B／由于A，因此B／因为A，结果B" のいずれも使えるが、"因为A，所以B／由于A，因此B" が客観的にその因果を述べるのに対し、"因为A，结果B" は「望ましくない結果になった」というニュアンスが含まれる。

6 （ 既然 ） 是自己选择的道路，（ 就 ） 只有向前走。

（ Jìrán) shì zìjǐ xuǎnzé de dàolù, (jiù) zhǐyǒu xiàng qián zǒu.

「AしたからにはB」という場合は "既然A，就B" を使う。前半はすでに現実になったこと（話し手、聞き手両方が知っていること）を述べ、後半はその現実に基づく結論を述べる。

7 （　　 ） 我把课本又看了一遍，（ 以便 ） 巩固一下基础。

（　　) Wǒ bǎ kèběn yòu kànle yí biàn, (yǐbiàn) gǒnggù yíxià jīchǔ.

第
4
章

後半が目的を表すパターンなので後半の空欄に "以便" を入れる。前半は目的を実現するための行動を表し、接続の言葉は不要。

⑧ （ 既然 ） 这个工作不适合自己，（ 就 ） 应该换工作。

(Jìrán) zhège gōngzuò bú shìhé zìjǐ, (jiù) yīnggāi huàn gōngzuò.

「AであるからにはB」は "既然A，就B" を使う。「転職する」は "跳槽 tiàocáo" という言い方もある。

---

❶ 他之所以这么受欢迎，是因为他非常幽默。

Tā zhī suǒyǐ zhème shòu huānyíng, shì yīnwèi tā fēicháng yōumò.

原因を強調して説明するので "之所以A，是因为B" を使う。"之所以" は主語のあとに置くのが一般的。「人気がある」は "有人气 yǒu rénqì" でもよい。"他非常幽默" は "他是一个非常幽默的人" と言ってもよい。

❷ 为了不影响别人，我把手机调成静音了。

Wèile bù yǐngxiǎng biéren, wǒ bǎ shǒujī tiáochéng jìngyīn le.

前半が目的を表す。"我把手机调成 (了) 静音，省得影响别人。" のように後半に "省得" などを使ってもよい。また、"我把手机调成 (了) 静音，以便不影响别人。" とも言える。"调成" は "调到" とも言う。

❸ 既然他说不喜欢，就别勉强他吃了。

Jìrán tā shuō bù xǐhuan, jiù bié miǎnqiǎng tā chī le.

「AしたからにはB」は "既然A，就B" を使う。「ある人に無理に〜させる」は ["勉强" ＋人＋〜] となる。「もう〜するのをやめて」は "别〜了" または "不要~了" を使う。

❹ 他为了预防感冒，外出的时候常常戴口罩。

Tā wèile yùfáng gǎnmào, wàichū de shíhou chángcháng dài kǒuzhào.

前半が目的を表す。"他外出的时候常常戴口罩，以便预防感冒。" と言い換えてもよい。また、"他外出的时候常常戴口罩，以免感冒。" とも言える。

❺ 因为他总是熬夜，所以身体越来越不好了。

Yīnwèi tā zǒngshì áoyè, suǒyǐ shēntǐ yuèláiyuè bù hǎo le.

望ましくない結果の場合は "因为A，所以B / 由于A，因此B / 因为A，结果B" のいずれも使える。「悪くなった」は "坏了" でもよい。

6 为了节约交通费，我打算骑车上班。

Wèile jiéyuē jiāotōngfèi, wǒ dǎsuàn qí chē shàngbān.

「AするためにB」と目的を表すので"为了A，B"を使う。また、「AしてBできるようにする」という意味では"我打算骑车上班, 以便节约交通费。"と言ってもよい。"节约"は"节省jiéshěng"とも言う。

7 之所以没告诉她，是因为不想让她担心。

Zhī suǒyǐ méi gàosu tā, shì yīnwèi bù xiǎng ràng tā dānxīn.

原因を強調して説明するので"之所以A, 是因为B"を使う。「心配させたくない」は"怕她担心"でもよい。"没告诉她"は"没跟她说"に言い換えられる。

8 因为堵车很厉害，所以平时很少开车出去。

Yīnwèi dǔchē hěn lìhai, suǒyǐ píngshí hěn shǎo kāichē chūqu.

「AだからB」という因果関係を表すので"因为A, 所以B"か"由于A, 因此B"を使う。「めったにしない」は"不太〜""难得nándé 〜"でもよい。"堵车很厉害"は"堵车堵得很厉害"と言ってもよい。

目的・理由を表す複文 ＋ α

● 目的を表す複文では、"我打算骑车上班，节省交通费。"のように"以便"が省略されることがありますが、"为了""省得""免得""以免"などは省略できません。

● 因果関係を表す複文では、日常会話では接続詞を使わなかったり、片方だけ使ったりすることも多いです。

接続詞を使わない場合、因果関係は接続詞が使われた場合ほど強調されません。
　　这儿的风景很美，来玩儿的人很多。
　　(ここの風景はとてもきれいなので遊びに来る人が多い。)

"所以"のみを使う場合、結果のほうがやや強調されます。
　　这儿的风景很美，所以来玩儿的人很多。

"因为"のみを使う場合、原因のほうがやや強調されます。
　　因为这儿的风景很美，来玩儿的人很多。

後半に"因为"を用いて原因を補足することもできます。
　　他很受欢迎, 因为他很会说笑话。(彼はとても人気がある。冗談がうまいから。)

後半に"既然"を用いて補足する場合、前半に"就"は使えません。
　　别勉强他吃了，既然他说不喜欢。
　　(もう無理に食べさせないで、彼は好きじゃないって。)

5 累加・逆接を表す複文

累加関係を表す①〜③、逆接を表す④〜⑥、それぞれのパターンを見てみましょう。

① Aだけでなく、Bも … 　不但A，而且B

她**不但**会说英语，**而且**还会说法语。

Tā búdàn huì shuō Yīngyǔ, érqiě hái huì shuō Fǎyǔ.

（彼女は英語だけでなく、フランス語も話せる。）

② Aしないだけでなく、逆にB … 　不但不／没有A，反而B

情况**不但没有**改善，**反而**更坏了。

Qíngkuàng búdàn méiyou gǎishàn, fǎn'ér gèng huài le.

（状況は改善しないどころか、逆にもっと悪くなった。）

③ Aはおろか、Bさえも〜 … 　别说A，就是B也／都〜

别说孩子，**就是**大人**也**不一定受得了。

Biéshuō háizi, jiùshì dàren yě bù yídìng shòudeliǎo.

（子どもはおろか、大人でさえも耐えられるとは限らない。）

④ Aではあるが、しかしB … 　虽然A，但是B

虽然价钱有点儿贵，**但是**质量很好。

Suīrán jiàqian yǒudiǎnr guì, dànshì zhìliàng hěn hǎo.

（値段はちょっと高いけれども、質はとてもいい。）

⑤ AにもかかわらずB … 　尽管A，但是B

尽管感冒了，**但是**他还是跟朋友去了迪士尼乐园。

Jǐnguǎn gǎnmào le, dànshì tā háishi gēn péngyou qùle Díshìní lèyuán.

（風邪をひいたにもかかわらず、彼は友人とディズニーランドに行った。）

⑥ AはAであるが、ただしB … 　A是A，不过B

便宜**是**便宜，**不过**质量不太好。

Piányi shì piányi, búguò zhìliàng bú tài hǎo.

（安いには安いけれど、質はあまりよくない。）

1 她（　　　　　　　）已经 50 岁了，（　　　　　　　）看上去很年轻。

彼女はすでに50歳だが、とても若く見える。

2 （　　　　　　　）价格便宜，（　　　　　　　）质量也相当不错。

値段が安いだけでなく、質もかなりいい。

3 北京的夏天热（　　　　　　）热，（　　　　　　　）不那么闷。

北京の夏は暑いには暑いけれど、それほど蒸さない。

4 （　　　　　　）做了充分的准备，（　　　　　　）面试还是没有通过。

十分な準備をしたにもかかわらず、面接にはやはり受からなかった。

5 （　　　　　　）跑，（　　　　　　）走也很困难。

走ることはおろか、歩くことさえも困難だ。

6 他（　　　　　）听，（　　　　　　）故意捂上了耳朵。

彼は聞かないどころか、逆にわざと耳をふさいだ。

7 （　　　　　　）全国运动会，（　　　　　　）奥运会他也参加过。

全国大会はもちろん、オリンピックにさえも彼は出場したことがある。

8 我（　　　　　　）很喜欢吃巧克力，（　　　　　　）怕胖。

私はチョコレートが大好きだけど、太るのが心配だ。

1 これらのアニメは子どももちろん、大人も好きだ。

动画片
dònghuàpiàn

2 薬を飲んだけれど、まったく効果がない。

完全
wánquán
效果
xiàoguǒ

3 この1年間、彼の中国語は進歩するどころか、むしろ後退していた。

进步
jìnbù
退步
tuìbù

4 いろいろな方法を試したのにもかかわらず、問題はいまだに解決
されていない。

解决
jiějué

5 そのようにすると問題が解決できないだけではなく、かえって誤
解を招くだろう。

引起
yǐnqǐ
误会
wùhuì

6 この料理はおいしいだけでなく、栄養も豊富だ。

营养
yíngyǎng
丰富
fēngfù

7 スマートフォンは便利は便利だが、時間をたくさん取られてしまう。

占去
zhànqu

8 彼は頭痛がひどかったのにもかかわらず頑張って参加した。

坚持
jiānchí

1 她 (虽然) 已经50岁了, (但是) 看上去很年轻。

Tā (suīrán) yǐjīng wǔshí suì le, (dànshì) kànshangqu hěn niánqīng.

「AではあるがしかしB」なので"虽然A，但是B"を使う。"但是"は"可是""不过"にも言い換えられるが、"但是"のほうが逆接の語気がより強い。

2 (不但) 价格便宜, (而且) 质量也相当不错。

(Búdàn) jiàgé piányi, (érqiě) zhìliàng yě xiāngdāng búcuò.

「AだけでなくBも」という場合は"不但A，而且B"を使う。"不但"は"不光"や"不仅bùjǐn"にも言い換えられるが、"不仅"はより書き言葉的な表現で、"不光"はより話し言葉的な表現。"而且"はしばしば"也"や"还"と一緒に使われる。

3 北京的夏天热 (是) 热, (不过) 不那么闷。

Běijīng de xiàtiān rè (shì) rè, (búguò) bú nàme mēn.

「AはAであるが、ただしB」なので"是"と"不过"を入れる。話し言葉に多く使われるパターン。"不过"は"但是""可是"に言い換えることもできるが、"不过"のほうがより話し言葉的。

4 (尽管) 做了充分的准备, (但是) 面试还是没有通过。

(Jǐnguǎn) zuòle chōngfèn de zhǔnbèi, (dànshì) miànshì háishi méiyou tōngguò.

「AにもかかわらずB」という場合は"尽管A，但是B"を使う。"但是"は"可是"に言い換えられる。後半の主語の後ろに"还是"（まだ、やはり）や"仍然réngrán"（依然として）を使うことが多い。なお、"尽管A，但是B"は"虽然A，但是B"に言い換えられるが、"尽管"のほうがより逆接のニュアンスが強い。

5 (别说) 跑, (就是) 走也很困难。

(Biéshuō) pǎo, (jiùshì) zǒu yě hěn kùnnan.

「Aはおろか、Bさえも～」という場合は"别说A，就是B也～"を使う。"别说"は本来「言うまでもない」という意味。"也"は"都"に言い換えられる。

6 他 (不但不) 听, (反而) 故意捂上了耳朵。

Tā (búdàn bù) tīng, (fǎn'ér) gùyì wǔshàngle ěrduo.

「Aしないだけでなく逆にB」という場合は"不但不A，反而B"を使う。この"不但不"は"不但没"にしてもよい。"不"なら「聞く」という意思を否定し、"没"なら「聞いた」という事実を否定する意味になる。

7 (别说) 全国运动会, (就是) 奥运会他也参加过。

(Biéshuō) quánguó yùndònghuì, (jiùshì) Àoyùnhuì tā yě cānjiāguo.

「Aはもちろん、Bさえも～」という場合、"**别说A，就是B也～**"を使う。

8 我（ **虽然** ）很喜欢吃巧克力，（ **但是** ）怕胖。

Wǒ (suīrán) hěn xǐhuan chī qiǎokèlì, (dànshì) pà pàng.

「Aではあるが、しかしB」には "**虽然A，但是B**"を使う。

---

1 <u>这些动画片别说孩子（喜欢），就是大人也喜欢</u>。

Zhèxiē dònghuàpiàn biéshuō háizi (xǐhuan), jiùshì dàren yě xǐhuan.

「Aはもちろん、Bさえも～」という場合は "**别说A，就是B也～**"を使う。前半の "喜欢" は省略できる。"别说" "就是" は "孩子" "大人" にかかるのでその前に置く。

2 虚然吃了药，但是完全没有效果。

Suīrán chīle yào, dànshì wánquán méiyou xiàoguǒ.

「Aではあるが、しかしB」という場合は "**虽然A，但是B**"を使う。"药虽然吃了，但是完全没有效果。"でもよい。逆接関係をさらに強調する場合は "但是却没有效果" のように副詞 "却què" を併用することもできる。「効果がない」は "不管用bù guǎnyòng" とも言える。

3 这一年来，他的汉语不但没进步，反而退步了。

Zhè yì nián lái, tā de Hànyǔ búdàn méi jìnbù, fǎn'ér tuìbù le.

「AしないだけでなくB」という場合は "**不但没A，反而B**"を使う。「進歩した」という事実を否定するので否定は "没" を使う。"不但" は述語（"没进步"）を修飾するので "他" の前には置けない。

4 尽管试了很多办法，但是问题还是没有解决。

Jǐnguǎn shìle hěn duō bànfǎ, dànshì wèntí háishi méiyou jiějué.

「AにもかかわらずB」は "**尽管A，但是B**"を使う。"**虽然A，但是B**"にも言い換えられる。「いろいろな」は "各种各样的" "种种" などと言ってもよい。「いまだに」は "还" "仍然" でもよい。

5 那样做，不但不能解决问题，反而会引起误会吧。

Nàyàng zuò, búdàn bù néng jiějué wèntí, fǎn'ér huì yǐnqǐ wùhuì ba.

「Aしないだけでなく、逆にB」には "**不但不A，反而B**"を使う。"不能解决问题" は "问题不能解决" "解决不了问题" にも言い換えられる。「だろう」は "会…吧" で表す。

176

6 这个菜不但好吃，而且营养也丰富。

Zhège cài búdàn hǎochī, érqiě yíngyǎng yě fēngfù.

「AだけでなくBも」は "不但A, 而且B" を使う。"这个菜不但味道好, 而且很有营养。" のように言ってもよい。味と栄養が対比されるので "很" は不要。"不但" は "这个菜" の前には置けない。

7 智能手机方便是方便，不过占去(了)很多时间。

Zhìnéng shǒujī fāngbiàn shì fāngbiàn, búguò zhànqu(le) hěn duō shíjiān.

「AはAであるが、ただしB」という場合は "A是A, 不过B" を使う。後半は "不过时间被占去了很多" でもよい。「～してしまう」を表す "了" をつけてもよい。

8 他尽管头疼得很厉害，但是(仍然)坚持参加了。

Tā jǐnguǎn tóu téng de hěn lìhai, dànshì (réngrán) jiānchí cānjiā le.

「AにもかかわらずB」は "尽管A, 但是B" を使う。「頭痛がひどかった」は "头疼很厉害""头非常疼" などでもよい。

累加・逆接を表す複文 ＋α

◉累加関係：会話では接続詞の一方、あるいは副詞の "也""还" のみを使う場合も多いです。

会汉语, <u>也</u>会英语。（中国語ができるし、英語もできる。）

我见过他, <u>而且</u>见过多次。（私は彼に会ったことがある。しかも何回も会った。）

<u>别说</u>孩子, 大人<u>也</u>喜欢。（子どもはもちろん、大人も好きだ。）

◉逆接関係：接続詞を使わなかったり、副詞 "又""却" のみを使ったりする場合も多いです。

发音难, 语法不难。（発音は難しいが、文法は難しくない。）

想去<u>又</u>没时间。（行きたいけれど、時間はない。）

药吃了, <u>却</u>没有效果。（薬は飲んだけれど、効果がない。）

6 仮定・譲歩を表す複文

仮定を表す①②、譲歩を表す③、それぞれのパターンを見てみましょう。

① もしAならばB … 　要是／如果A，就B 　　A的话，就B

要是便宜，**就**买。（安いのなら買う。）
Yàoshi piányi, jiù mǎi.

如果是质量的问题，（**就**）可以退货。
Rúguǒ shì zhìliàng de wèntí, (jiù) kěyǐ tuìhuò.
（品質の問題なら、返品することができる。）

没有时间**的话，就**不用来。（時間がなかったら、来なくていい。）
Méiyou shíjiān dehuà, jiù búyòng lái.

② A、さもないとB … 　A，要不／不然／否则B

咱们跑吧，**要不**晚了。（走ろうか。さもないと遅刻してしまう。）
Zánmen pǎo ba, yàobù wǎn le.

把密码记下来，**不然**会忘了。
Bǎ mìmǎ jìxialai, bùrán huì wàng le.
（パスワードをメモして。でないと忘れちゃう。）

③ たとえAとしてもB … 　即使／就是／哪怕A，也B

即使难**也**得学。（たとえ難しくても学ばなければならない。）
Jíshǐ nán yě děi xué.

你**就是**不说，我**也**知道。（君が言わなくても、ぼくはわかるよ。）
Nǐ jiùshì bù shuō, wǒ yě zhīdao.

哪怕太阳从西边出来，他**也**绝不会改变自己的想法。
Nǎpà tàiyang cóng xībian chūlai, tā yě jué bú huì gǎibiàn zìjǐ de xiǎngfǎ.
（太陽が西から昇ってきても、彼が自分の考えを変えることは絶対にない。）

左ページから適切なパターンを選び、空欄を埋めましょう。ただし、空欄のまま何も入らない場合もあります。

① （　　　　　　　）咱们出发吧，（　　　　　　　）来不及了。

出発しようか。さもないと間に合わなくなるよ。

② （　　　　　　　）想用热水，（　　　　　　　）往左边拧。

お湯を使いたいのなら、（蛇口を）左に回す。

③ 不能喝酒（　　　　　　　），（　　　　　　　）喝果汁吧。

お酒が飲めないなら、ジュースを飲めば？

④ （　　　　　　　）麻烦（　　　　　　　）得认真做。

面倒でも、まじめにやらなくてはならない。

⑤ （　　　　　　　）必须遵守规则，（　　　　　　　）会受到严惩。

規則を遵守しなければならない。さもないと厳しい懲罰を受ける。

⑥ （　　　　　　　）是我的话，（　　　　　　　）绝对不会放弃。

私だったら、絶対にあきらめないだろう。

⑦ （　　　　　　　）下刀子，（　　　　　　　）不能不去。

たとえ刀が降ろうとも、行かなければならない。

⑧ 你（　　　　　　　）早来二十分钟，（　　　　　　　）见到她了。

あなたが20分早く来ていたら、彼女に会えたのに。

1 たとえ飛べたとしても1時間では着けないよ。

飞
fēi
到不了
dàobuliǎo

2 私にあなたのような娘がいればよかったのに。

像…一样
xiàng... yíyàng

3 彼はきっと怒っていた。でなければそんなことを言うはずがない。

那种话
nà zhǒng huà

4 仮にお金があっても、そんなものは買わない。

5 明かりが足りなかったら、このスタンドを使って。

不够亮
búgòu liàng
台灯
táidēng

6 ちゃんとご飯を食べなさい。そうしないと動物園に連れて行かない。

带
dài

7 もし君が気にしないなら、ぼくのシャツを着てもいいよ。

在乎
zàihu
衬衫
chènshān

8 これは私の携帯の番号とメールアドレス。用事があったら、いつでも私に連絡して。

随时
suíshí
邮箱地址
yóuxiāng dìzhǐ

9 早めに行ったほうがいい。でないと座席がなくなる。

座位
zuòwèi

1 (　　　) 咱们出发吧,　(要不 / 不然 / 否则) 来不及了。

(　　　) Zánmen chūfā ba, (yàobù / bùrán / fǒuzé) láibují le.

「A、さもないとB」は "A, 要不/不然/否则B" のいずれも使える。"要不" がもっとも話し言葉的で、"否则" はもっとも書き言葉的。前半には接続詞を用いない。

2 (要是 / 如果) 想用热水,　(就) 往左边拧。

(Yàoshi / Rúguǒ) xiǎng yòng rèshuǐ, (jiù) wǎng zuǒbian nǐng.

「もしAならばB」を表す場合、"要是A, 就B""如果A, 就B" を使う。"如果" のほうがより改まった表現。"要是" は "要" と略すことができる。

3 不能喝酒 (的话),　(就) 喝果汁吧。

Bù néng hē jiǔ (dehuà), (jiù) hē guǒzhī ba.

「もしAならばB」ということ。前半の (　　) の位置から、"A的话, 就B" を使う。"A的话, 就B" は話し言葉的な表現だが、"要是/如果不能喝酒的话, 就喝果汁吧。" のように "要是" "如果" と組み合わせて使うこともできる。

4 (即使 / 就是 / 哪怕) 麻烦 (也) 得认真做。

(Jíshǐ / Jiùshì / Nǎpà) máfan (yě) děi rènzhēn zuò.

「たとえAとしてもB」の場合は "就是/即使/哪怕A, 也B" を使う。"就是" と "哪怕" はより話し言葉的な表現。"即使" はやや改まった表現だが、話し言葉でもよく使う。なお、"哪怕A, 也B" の場合、Aの部分はマイナスの意味になることが多い。

5 (　　　) 必须遵守规则,　(要不 / 不然 / 否则) 会受到严惩。

(　　　) Bìxū zūnshǒu guīzé, (yàobù / bùrán / fǒuzé) huì shòudào yánchéng.

「A、さもないとB」は "A, 要不/不然/否则B" を使う。文章体の場合は "不然" か "否则" を使うほうがよい。"严惩" は "严厉的惩罚" と言ってもよい。

6 (要是 / 如果) 是我的话,　(就) 绝对不会放弃。

(Yàoshi / Rúguǒ) shì wǒ dehuà, (jiù) juéduì bú huì fàngqì.

「もしAならばB」ということなので "要是A, 就B""如果A, 就B" を使う。後半でほかの副詞や助動詞が使われる場合、"如果是我的话, (就) 绝对不会放弃。""要是不愿意, 可以拒绝。"(やりたくないのなら断ってもいい) のように "就" を省略したり、あるいは使わないほうがいい場合もある。

7 (即使 / 就是 / 哪怕) 下刀子,　(也) 不能不去。

(Jíshǐ / Jiùshì / Nǎpà) xià dāozi, (yě) bù néng bú qù.

第4章

181

「たとえAとしてもB」は"就是/哪怕/即使A，也B"を使う。3つの表現いずれも、強調するために比喩的な表現がよく使われる。

8 你 （ 要是 / 如果 ） 早来二十分钟，（ 就 ） 见到她了。

Nǐ (yàoshi / rúguǒ) zǎo lái èrshí fēnzhōng, (jiù) jiàndào tā le.

「もしAならばB」ということなので"要是A，就B""如果A，就B"を使う。過ぎたことについて仮定する場合、「〜ということになった」を表す"了"を使うことが多い。

練習2 解答例と解説

1 即使会飞，一个小时也到不了啊。

Jíshǐ huì fēi, yí ge xiǎoshí yě dàobuliǎo a.

「たとえAしてもB」は"即使A，也B"などを使う。「着けない」は"飞不到"とも言える。

2 我要是有（一个）像你一样的女儿就好了。

Wǒ yàoshi yǒu (yí ge) xiàng nǐ yíyàng de nǚ'ér jiù hǎo le.

「もしAならばB」には"要是A，就B""如果A，就B""A的话，就B"を使う。"…就好了"は、よく実現できなかった（できない）ことについて「〜ならいいのに（よかったのに)」という残念な気持ちを表す場合に使う。

3 他肯定很生气，要不不会说那种话的。

Tā kěndìng hěn shēngqì, yàobù bú huì shuō nà zhǒng huà de.

「A、さもないとB」には"A, 要不B"などを使う。「〜するはずがない」は"不会…的"で表す。「怒っていた」は"生气了"でもよい。

4 即使有钱，我也不买那种东西。

Jíshǐ yǒu qián, wǒ yě bù mǎi nà zhǒng dōngxi.

「たとえAとしてもB」ということ。"就是A, 也B"を使ってもよい。Aに入るのが"有钱"のようにいいことの場合は"哪怕"を使わないほうがよい。「そんなもの」は"那玩意儿"という軽蔑する言い方もできる。

5 要是不够亮的话，就用这个台灯。

Yàoshi bú gòu liàng dehuà, jiù yòng zhège táidēng.

「もしAならばB」には"要是A，就B"などを使う。「明かりが足りない」は"亮度不够"や"太暗"でもよい。

182

6 好好儿吃饭，要不不带你去动物园。

Hǎohāor chīfàn, yàobù bú dài nǐ qù dòngwùyuán.

「A、さもないとB」ということ。子どもに対してのセリフと考えられるので、話し言葉の"要不"を使うほうがよい。

7 如果你不在乎的话，可以穿我的衬衫。

Rúguǒ nǐ bú zàihu dehuà, kěyǐ chuān wǒ de chènshān.

「もしAならばB」のパターンだが、このように後半で"可以"を用いて何かを提案する場合、"就"を使わないのがふつう。

8 这是我的手机号码和邮箱地址。要是有事，就随时跟我联系。

Zhè shì wǒ de shǒujī hàomǎ hé yóuxiāng dìzhǐ. Yàoshi yǒu shì, jiù suíshí gēn wǒ liánxì.

「もしAならばB」には"要是A，就B"などを使う。"就"は省略してもよい。

9 最好早点儿去，要不没有座位了。

Zuìhǎo zǎo diǎnr qù, yàobù méiyou zuòwèi le.

「A、さもないとB」という場合には"A，要不B"などを使う。「早めに」は"提前 tíqián"とも言う。

仮定・譲歩を表す複文 ＋α

【仮定】"就"のみを使う、または何の接続語も使わない例
不愿意吃就不吃。（食べたくないなら食べないで。）
有时间去，没时间不去。（時間があったら行くけれど、なければ行かない。）

【仮定】"就"の代わりにほかの副詞、助動詞などを使う例
有问题的话，我总是问他。（質問があると、いつも彼に聞く。）
要是见到他，我会告诉他的。（彼に会ったら、私が伝えるよ。）

【仮定】"要是"などを後半に使って補足する例（前半には"就"を使わない）
把你的意见写在这儿，如果对宾馆的服务不满意的话。
Bǎ nǐ de yìjian xiězài zhèr, rúguǒ duì bīnguǎn de fúwù bù mǎnyì dehuà.
（あなたの意見をここに書いて、もしホテルのサービスに不満があるのなら。）

【譲歩】"也"のみを使う例
这是药，苦也得吃。Zhè shì yào, kǔ yě děi chī.
（これは薬だから、苦くても飲まなくてはいけない。）

第4章

7 条件を表す複文

条件を表す複文には、おもに以下のようなものがあります。

① **Aさえすれば B** … | 只要A，就B |

只要有时间，就去书店。

Zhǐyào yǒu shíjiān, jiù qù shūdiàn.

(時間さえあれば、本屋さんに行く。)

② **AしてこそはじめてB** … | 只有A，才B | | 除非A，才B |

只有努力，才能成功。

Zhǐyǒu nǔlì, cái néng chénggōng.

(努力してこそ成功できるのだ。)

除非亲眼看到，我才相信。

Chúfēi qīnyǎn kàndào, wǒ cái xiāngxìn.

(自分の目で確認してこそ信じる。)

③ **Aしない限りB** … | 除非A，否则B |

除非加班，否则六点就到家。

Chúfēi jiābān, fǒuzé liù diǎn jiù dào jiā.

(残業しない限り、6時にはもう家に着く。)

除非亲眼看到，否则我不信。

Chúfēi qīnyǎn kàndào, fǒuzé wǒ bú xìn.

(自分の目で確認しない限り信じない。)

④ **すべてのAは(みな)B** … | 凡是A，都B |

凡是认识她的人，都说她好。

Fánshì rènshi tā de rén, dōu shuō tā hǎo.

(彼女を知っているすべての人がみな、彼女はいい人だと言う。)

⑤ **AであろうともB** … | 不管／不论／无论A，都／也B |

不管什么人，都可以参加。

Bùguǎn shénme rén, dōu kěyǐ cānjiā.

(どんな人であろうと、みな参加できる。)

左ページから適切なパターンを選び、空欄を埋めましょう。

① (　　　　　) 他爸爸说，他 (　　　　　) 听。

彼は、父親が言ってはじめて聞く。

② 这次比赛你 (　　　　　) 参加，(　　　　　) 能得奖。

今回の試合、あなたは参加さえすれば賞をもらえる。

③ (　　　　　) 什么天气，(　　　　　) 得按时到达。

どんな天気であろうと、時間通りに到着しなければならない。

④ (　　　　　) 下雨不下雨，活动 (　　　　　) 照常进行。

雨が降るか降らないかにかかわらず、イベントは通常通りに行う。

⑤ 这个病 (　　　　　) 做手术，(　　　　　) 治不好。

この病気は手術しないと、治せない。

⑥ (　　　　　) 多听多说，(　　　　　) 能提高会话能力。

たくさん聞いてたくさん話してこそ、会話力を向上させることができる。

⑦ (　　　　　) 做生意还是做学问，(　　　　　) 需要外语吧。

商売をするにしても学問をするにしても、外国語は必要だろう。

⑧ (　　　　　) 符合条件的，(　　　　　) 可以申请。

条件に合う人はみな申請できる。

練習2 右の語句をヒントに、日本語を中国語に訳しましょう。

1 病気になってはじめて、健康の大切さがわかる。

健康的重要
jiànkāng de
　　zhòngyào

2 彼が私に謝らない限り、私は彼を許せない。

道歉
dào//qiàn
原谅
yuánliàng

3 すべての輸入品が今回みな値上がりした。

进口
jìn//kǒu
涨价
zhǎng//jià

4 寒かろうが暑かろうが、彼はそのジーンズをはいている。

5 8時前に出発しさえすれば、きっと間に合う。

肯定
kěndìng
来得及
láidejí

6 彼はとても知識が豊富なので、私はどんな質問でも彼に聞く。

知识
zhīshi

7 大雪が降れば別だが、そうでなければ必ず車で行く。

8 どんな決定を下しても、私たちはあなたの選択を尊重します。

做…决定
zuò…juédìng
尊重…选择
zūnzhòng…xuǎnzé

⚊ (只有 / 除非) 他爸爸说，他 (才) 听。

(Zhǐyǒu / Chúfēi) tā bàba shuō, tā (cái) tīng.

「AしてこそはじめてB」は "只有A，才B" "除非A，才B" を使う。それが絶対的な条件（唯一の条件）であり、別な条件ではだめなことを表す。

⚋ 这次比赛你 (只要) 参加，(就) 能得奖。

Zhè cì bǐsài nǐ (zhǐyào) cānjiā, (jiù) néng déjiǎng.

「AさえすればB」は "只要A，就B" を使う。ある条件だけクリアすれば十分だということ（十分な条件）を表す。

⚌ (不管 / 不论 / 无论) 什么天气，(都) 得按时到达。

(Bùguǎn / Búlùn / Wúlùn) shénme tiānqì, (dōu) děi ànshí dàodá.

「AであろうともB」は "不管/不论/无论A，都B" を使う。"都" の代わりに "也" を使ってもよい。いかなる条件でも結果や結論は同じだということを表す。これは条件の部分に "什么" "哪儿" "谁" など、すべての条件を指す疑問詞フレーズを置くタイプ。"不管" は話し言葉、"不论" "无论" は書き言葉的な表現。

4 (不管 / 不论 / 无论) 下雨不下雨，活动 (都) 照常进行。

(Bùguǎn / Búlùn / Wúlùn) xià yǔ bú xià yǔ, huódòng (dōu) zhàocháng jìnxíng.

「どんな天気であろうとも」という意味なので、3と同じく "不管/不论/无论A，都B" を使う。形式上は3と異なり、条件の部分には "下雨不下雨" "阴天晴天" のような対立・並列する内容を表す語句を置くタイプ。こういう場合、Bの前に "都" を使い、"也" はあまり使わない。

5 这个病 (除非) 做手术，(否则) 治不好。

Zhège bìng (chúfēi) zuò shǒushù, (fǒuzé) zhìbuhǎo.

「Aしない限りB」という場合には "除非A，否则B" を使う。これも絶対的な条件を表す。"否则" は「～しないと」、つまり「～しない限り」という意味で、"不然" や "要不" に言い換えられる。

6 (只有 / 除非) 多听多说，(才) 能提高会话能力。

(Zhǐyǒu / Chúfēi) duō tīng duō shuō, (cái) néng tígāo huìhuà nénglì.

「AしてこそはじめてB」という場合は "只有A，才B" "除非A，才B" を使う。"除非多听多说，否则提高不了会话能力。" でも同じ意味を表せる。

7 (不管 / 不论 / 无论) 做生意还是做学问，(都) 需要外语

第4章

吧。

(Bùguǎn / Búlùn / Wúlùn) zuò shēngyi háishi zuò xuéwèn, (dōu) xūyào wàiyǔ ba.

「どんな仕事であろうとも」という意味なので "不管/不论/无论A，都B" を使う。このようにAに入る2つの対立・並列の事物の間に "还是" を使うこともできる。

⑧ （ 凡是 ） 符合条件的，（ 都 ） 可以申请。

(Fánshì) fúhé tiáojiàn de, (dōu) kěyǐ shēnqǐng.

「すべてのAはB」という意味なので "凡是A，都B" が正解。"凡是" は文の主語となるAの前に置き、後半の "都" と呼応して「すべてのAは例外なしにBだ」ということを表す。また "凡是" は "只要是" に言い換えられる。

練習2 解答例と解説

1 只有得了病，才知道健康的重要。

Zhǐyǒu déle bìng, cái zhīdao jiànkāng de zhòngyào.

"除非得了病, 才知道健康的重要。" "除非得了病, 否则不知道健康的重要。" とも言える。"知道" の代わりに "懂得" "理解" などを使ってもよい。

2 除非他向我道歉，否则我不会原谅他。

Chúfēi tā xiàng wǒ dàoqiàn, fǒuzé wǒ bú huì yuánliàng tā.

「Aしない限りB」という場合は "除非A，否则B" を使う。"只有/除非他向我道歉, 我才会原谅他。" とも言える。この "会" は「〜しうる」という意味。"向" の代わりに "跟" "给" を使ってもよい。

3 凡是进口的东西，这次都涨价了。

Fánshì jìnkǒu de dōngxi, zhècì dōu zhǎngjià le.

「すべてのAは（みな）B」という意味なので、"凡是A，都B" を使う。

4 不管冷热，他都穿着那条牛仔裤。

Bùguǎn lěng rè, tā dōu chuānzhe nà tiáo niúzǎikù.

「どんな天気であろうとも」という意味なので "不管/不论/无论A，都B" を使う。前半は "不管冷还是热" "不管天冷天热" などでもよい。"都" は必ず主語の後ろに置くこと。この "都" は「いつも」という意味なので "总是" に言い換えられる。

5 只要八点以前出发，就肯定来得及。

Zhǐyào bā diǎn yǐqián chūfā, jiù kěndìng láidejí.

「AさえすればB」を表す場合、"只要A，就B"を使う。「間に合う」は"赶得上 gǎndeshàng"とも言う。

6 他知识很丰富，我不管有什么问题，都问他。

Tā zhīshi hěn fēngfù, wǒ bùguǎn yǒu shénme wèntí, dōu wèn tā.

「どんな質問であろうとも」という意味なので"不管/不论/无论A，都B"を使う。"不管有什么问题，我都问他。""不管我有什么问题都问他。"でもよい。「知識が豊富だ」は"有学问"と言ってもよい。

7 除非下大雪，否则我一定开车去。

Chúfēi xià dàxuě, fǒuzé wǒ yídìng kāichē qù.

「大雪が降らない限り車で行く」という意味なので"除非A，否则B"を使う。"除非/只有下大雪，我才不开车去。"とも言える。

8 不管你做什么决定，我们都会尊重你的选择。

Bùguǎn nǐ zuò shénme juédìng, wǒmen dōu huì zūnzhòng nǐ de xuǎnzé.

「AであろうともB」なので"不管/不论/无论A，都B"を使う。"你"は"不管"の前に置いてもよい。"都"は必ず主語"我"の後ろに置く。

条件を表す複文 ＋α

● "只要""只有""不管""一"などを使わず、後半に"就""才""都"などのみ使う例
他道歉，我就原谅他。Tā dàoqiàn, wǒ jiù yuánliàng tā.
（彼がお詫びさえすれば許してあげる。）
你先答应我不生气，我才告诉你。Nǐ xiān dāying wǒ bù shēngqì, wǒ cái gàosu nǐ.
（まず怒らないと約束したら教えてあげる。）
你什么时候来，我们都欢迎。Nǐ shénme shíhou lái, wǒmen dōu huānyíng.
（いつ来ても歓迎します。）

● "只要""除非""不管"などを後半に置いて補足する例（前半には"就""否则""都"などを使わない）
他肯定会来，只要你去请他。Tā kěndìng huì lái, zhǐyào nǐ qù qǐng tā.
（彼はきっと来る。あなたが彼を誘いさえすれば。）
我绝对不相信，除非你拿出证据。Wǒ juéduì bù xiāngxìn, chúfēi nǐ náchu zhèngjù.
（私は絶対に信じない。あなたが証拠を示さない限り。）
必须学，不管你喜欢还是不喜欢。
Bìxū xué, bùguǎn nǐ xǐhuan háishi bù xǐhuan.
（学ばなければならない。好きだろうが嫌いだろうが。）

8 疑問詞の呼応

2つの同じ疑問詞を前後に呼応させ、「何でも」「だれでも」「どこでも」「いつでも」「いくらでも」など任意の事物や人を表します。これも一種の仮定表現です。

① ～のものなら何でも … 　什么～什么

你想吃**什么**，就吃**什么**。(食べたいものなら何でも食べなさい。)
Nǐ xiǎng chī shénme, jiù chī shénme.

② ～の人ならだれでも … 　谁～谁

谁知道，**谁**就回答。(知っている人ならだれでも答えて。)
Shéi zhīdao, shéi jiù huídá.

③ ～の場所ならどこでも … 　哪儿～哪儿

哪儿人少，咱们就去**哪儿**。
Nǎr rén shǎo, zánmen jiù qù nǎr.
(人が少ないところならどこへでも行こう。)

④ ～のときならいつでも … 　什么时候～什么时候

什么时候有空儿，就**什么时候**锻炼。
Shénme shíhou yǒu kòngr, jiù shénme shíhou duànliàn.
(暇があればいつでもトレーニングする。)

⑤ ～のようならどのようにしても … 　怎么～怎么

你想**怎么**做，就**怎么**做。(君がしたいなら、好きなようにすればいい。)
Nǐ xiǎng zěnme zuò, jiù zěnme zuò.

⑥ ～くらいならいくらでも … 　多少～多少　　几～几

能吃**多少**吃**多少**。(食べられるのなら、いくらでも食べて。)
Néng chī duōshao chī duōshao.

⑦ ～のものならどれでも … 　哪个～哪个

你想要**哪个**，就给你**哪个**。(ほしいものなら、どれでもあげる。)
Nǐ xiǎng yào nǎge, jiù gěi nǐ nǎge.

空欄に適切な疑問詞を入れましょう。ただし、正解は1つとは限りません。

① 你去（　　　　　　　），我就跟你去（　　　　　　　）。

あなたが行くところなら、どこにでもついて行きます。

② 有（　　　　　　　），他就花（　　　　　　　），一点儿也不知道节约。

彼はお金をあるだけ使ってしまい、まったく節約することを知らない。

③ （　　　　　　　）做得不对，我就骂（　　　　　　　），从不偏心。

私は過ちを犯した人はだれでも叱る。えこひいきをしたことはない。

④ 问你（　　　　　　　），你就回答（　　　　　　　），多余的话别说。

質問されたことに答えなさい。余計なことを話さないで。

⑤ 她（　　　　　　　）做，你就（　　　　　　　）做。

君は彼女のやり方をまねすればいい。

⑥ 这些衣服，你想要（　　　　　　　），就拿（　　　　　　　）吧。

この服、ほしいものをどれでも持っていって。

⑦ 你（　　　　　　　）方便，就（　　　　　　　）来吧。

いつでも、あなたの都合のいいときに来てください。

⑧ 你想住（　　　　　　　）天就住（　　　　　　　）天，不用客气。

何日でも泊まりたいだけ泊まっていいよ。遠慮しないで。

練習2 右の語句をヒントに、日本語を中国語に訳しましょう。

1 申し込みたい人はだれでも申し込むことができる。制限はない。

报名
bào//míng
限制
xiànzhì

2 書き順に気をつけて。先生が教えた通りに書きなさい。

笔顺
bǐshùn

3 彼の食べたいものを奥さんは何でも作ってくれる。

4 言いたいことを言えばいい。他人の顔色をうかがう必要はない。

看脸色
kàn liǎnsè

5 用事のあるときは、いつでも私に連絡して。

6 私はあまりブランドにこだわらない。安いのを買う。

名牌
míngpái
讲究
jiǎngjiu

7 夫婦ともに働いていて、ふだんは先に帰宅した人がご飯を作る。

夫妻俩
fūqī liǎ
平时
píngshí

8 この2つの方法を試してみて。より効果的なほうを採用するから。

有效
yǒuxiào
采用
cǎiyòng

9 冬休みはどこに旅行に行くの？
　　―― まだ決めていない。暖かいところなら、どこでも行く。

10 今日は飲み放題だから、飲みたいものを何でも、いくらでも飲んで。

随便喝
suíbiàn hē

① 你去（ 哪儿 ），我就跟你去（ 哪儿 ）。

Nǐ qù (nǎr), wǒ jiù gēn nǐ qù (nǎr).

「どこでも」ということなので場所を尋ねる疑問詞 "哪儿" が正解。"什么地方" も使える。前半と後半の間には接続を表す "就" を使うことが多いが、後半に主語がある場合、"就" は必ず主語の後ろに置く。

② 有（ 多少钱 ），他就花（ 多少钱 ），一点儿也不知道节约。

Yǒu (duōshao qián), tā jiù huā (duōshao qián), yìdiǎnr yě bù zhīdào jiéyuē.

お金の数量のことなので金額を尋ねる疑問詞 "多少钱" が正解。"多少" だけでもよい。

③ （ 谁 ）做得不对，我就骂（ 谁 ），从不偏心。

(Shéi) zuò de bú duì, wǒ jiù mà (shéi), cóng bù piānxīn.

「だれでも」なので疑問詞は "谁" が正解だが、疑問詞の位置に注意。前と後ろの疑問詞は必ずしも両方がそろって主語または目的語とは限らない。この文の場合、前半は "谁" が "做" の主語、後半は "谁" が "骂" の目的語となっている。

④ 问你（ 什么 ），你就回答（ 什么 ），多余的话别说。

Wèn nǐ (shénme), nǐ jiù huídá (shénme), duōyú de huà bié shuō.

「こと」について尋ねる疑問詞 "什么" が正解。

⑤ 她（ 怎么 ）做，你就（ 怎么 ）做。

Tā (zěnme) zuò, nǐ jiù (zěnme) zuò.

「やり方」について言うので、疑問詞は「どのように」を表す "怎么" が正解。「彼女がこうすれば、あなたもこうする。彼女がああすれば、あなたもああする」という意味。

⑥ 这些衣服，你想要（ 哪件 ），就拿（ 哪件 ）吧。

Zhèxiē yīfu, nǐ xiǎng yào (nǎ jiàn), jiù ná (nǎ jiàn) ba.

「どれ」を表す場合は "哪个" "哪件" "哪块" のように［"哪"＋量詞］を使う。この文は服のことを話しているので "哪件" を使う。「何でも」という意味では "什么" でもよい。

⑦ 你（ 什么时候 ）方便，就（ 什么时候 ）来吧。

Nǐ (shénme shíhou) fāngbiàn, jiù (shénme shíhou) lái ba.

「いつでも」なので疑問詞は "什么时候" が正解。

第4章

⑧ 你想住（ 多少 ／ 几 ）天就住（ 多少 ／ 几 ）天，不用客气。

Nǐ xiǎng zhù (duōshao / jǐ) tiān jiù zhù (duōshao / jǐ) tiān, búyòng kèqi.

「何日間でも」なので "多少 (天)" と "几 (天)" の両方を使える。

① 谁想报名，谁就报名，没有限制。

Shéi xiǎng bàomíng, shéi jiù bàomíng, méiyou xiànzhì.

「だれでも」なので疑問詞は "谁" を使う。"谁" が "报名" の主語になるので "报名" の前に置く。"就" は "谁" の後ろに置く。

② 注意笔顺，老师是怎么教的，你就怎么写。

Zhùyì bǐshùn, lǎoshī shì zěnme jiāo de, nǐ jiù zěnme xiě.

書き方のことなので方式を尋ねる疑問詞 "怎么" を使う。前半は "是…的" 文を使うほうが自然（→p.11）。

③ 他想吃什么，他夫人就给他做什么。

Tā xiǎng chī shénme, tā fūren jiù gěi tā zuò shénme.

食べ物のことなので、ものについて尋ねる疑問詞 "什么" を使う。「～してあげる」は "给他～" となる。

④ 想说什么，你就说什么，不用看别人的脸色。

Xiǎng shuō shénme, nǐ jiù shuō shénme, búyòng kàn biéren de liǎnsè.

「言いたいことなら何でも」という意味なので "什么" を使う。または、"你想怎么说, 就怎么说"（言いたいように言えばいい）でもよいが、ニュアンスは微妙に異なる。"什么" は話した内容に重点を置き、"怎么" は話し方に重点を置く。

⑤ 什么时候有事，你就什么时候跟我联系。

Shénme shíhou yǒu shì, nǐ jiù shénme shíhou gēn wǒ liánxì.

「いつでも」ということなので "什么时候" を使う。"(×)有事什么时候，你就跟我联系什么时候。" とは言えないことに注意。動作を行う時間（時点）を表す語は、必ず動詞の前に置く。

⑥ 我不太讲究名牌，哪个便宜就买哪个。

Wǒ bú tài jiǎngjiu míngpái, nǎge piányi jiù mǎi nǎge.

商品のことなので "哪个" も "什么" も使える。ふつう不特定のものについて言う場

合は "什么" を使う。特定されたものから選択する場合は "哪个" のほうがよい。

7 夫妻俩都工作，平时谁先到家，谁就做饭。

Fūqī liǎ dōu gōngzuò, píngshí shéi xiān dào jiā, shéi jiù zuò fàn.

「人」について言っているので疑問詞は "谁" を使う。また、人を指す場合には "这个" "那个" "哪个" も用いるので、ここは「2人のうちいずれか」の意味で "哪个" も使える。

8 试一下这两个方法，哪个更有效就采用哪个。

Shì yíxià zhè liǎng ge fāngfǎ, nǎge gèng yǒuxiào jiù cǎiyòng nǎge.

限定された2つの方法の中から選択するので疑問詞は "哪个" を使う。

9 寒假去哪儿旅行？—— 还没决定，哪儿暖和，就去哪儿。

Hánjià qù nǎr lǚxíng ? —— Hái méi juédìng, nǎr nuǎnhuo, jiù qù nǎr.

場所のことなので疑問詞は "哪儿" を使うが、疑問詞の位置に注意。前半は "哪儿" が主語、後半は "哪儿" が目的語となる。

10 今天 (是) 随便喝，想喝什么就喝什么，想喝多少就喝多少。

Jīntiān (shì) suíbiàn hē, xiǎng hē shénme jiù hē shénme, xiǎng hē duōshao jiù hē duōshao.

「飲みたいものを何でも飲んで」「好きな分だけ（いくらでも）飲んで」という意味なので「何でも」には "什么"、「いくらでも」は "多少" を使う。

疑問詞の呼応 ＋α

疑問詞の呼応は、次のようにほかの表現に言い換えられる場合が多いです。

你想说什么，你就说什么。	→ 你有话尽管说。
你能吃多少就吃多少。	→ 你尽量吃吧。
哪儿人少，咱们就去哪儿。	→ 咱们去人少的地方。
你想要哪件，就拿哪件。	→ 你随便拿吧。
谁先回家，谁就做饭。	→ 先回家的人做饭。

右側の表現はいずれも自然ですが、疑問詞の呼応表現と比べて「何でも」「どこでも」「いつでも」「だれでも」「いくらでも」といった強調のニュアンスはそれほど強くありません。疑問詞の呼応は口語でもよく使われるので、ぜひ使いこなせるようにしましょう。

第 **4** 章

195

9 緊縮文

"不好不买。"（よくなければ買わない）のように、複文に相当する内容を単文形式に凝縮したものを緊縮文と言います。文が短く、接続詞やコンマなどで文節を区切りません。文中の「仮定」、「譲歩」、「逆接」などの関係は"就"や"也"などの副詞を使って表す場合もあれば、これらを使わず単に文脈で表現する場合もあります。簡潔で複雑な内容を表せるので、口語で多く使われます。

多くの場合、複文でも同じ意味を表すことができます。

你不说我<u>也</u>明白。　　→**即使**你不说，我**也**明白。
Nǐ bù shuō wǒ yě míngbai.
（あなたが言わなくてもわかるよ。）

吃药<u>就</u>能好。　　　　→**只要**吃药，**就**能好。
Chī yào jiù néng hǎo.
（薬を飲めば治る。）

说了<u>就</u>做。　　　　　→**既然**说了，**就**应该做。
Shuōle jiù zuò.
（言ったからには、やらなくては。）

吃什么<u>都</u>可以。　　　→**无论**吃什么，**都**可以。
Chī shénme dōu kěyǐ.
（何を食べても問題ない。）

有错儿不承认。　　　　→**虽然**有错儿，**但是**却不承认。
Yǒu cuòr bù chéngrèn.
（過ちがあるのに、認めない。）

●複文形式に直せない緊縮文もある。

<u>越</u>学<u>越</u>难。 Yuè xué yuè nán.（学べば学ぶほど難しくなる。）

<u>非</u>他<u>不可</u>。 Fēi tā bù kě.（彼でないとだめです。）

1. 何かあったら私に言ってください。

   找 / 事 / 我 / 有
   zhǎo shì wǒ yǒu

2. 雨が降れば降るほど強くなっている。

   越 / 越 / 下 / 大 / 雨
   yuè yuè xià dà yǔ

3. 参加しないとだめです。

   参加 / 不行 / 不
   cānjiā bùxíng bù

4. お金があっても買わない。

   不 / 钱 / 有 / 买 / 也
   bù qián yǒu mǎi yě

5. 彼はどうしても行きたい。

   他 / 去 / 不可 / 非
   tā qù bùkě fēi

6. 話したいことがあれば、何でも話しましょう。

   什么 / 什么 / 有 / 说
   shénme shénme yǒu shuō

7. 間違っていることがわかったからには、直すべきだ。

   改 / 就 / 错 / 知
   gǎi jiù cuò zhī

8. いくら忙しくても体を鍛えなければならない。

   得 / 再 / 也 / 忙 / 锻炼
   děi zài yě máng duànliàn

第 **4** 章

練習2 右の語句と＊をヒントに、日本語を中国語の緊縮文に訳しましょう。

1 忙しくても行かなければならない。

＊4文字で

2 どう説得しても聞いてくれない。

劝
quàn

3 手紙を書く必要はない。電話さえすればいい。

行
xíng

4 好きじゃなかったら、無理しないで。

＊6文字で

5 行きたい人だれでも行っていい。

＊疑問詞の呼応用
法を使って

6 彼は死んでも謝らない。

道歉
dào//qiàn

7 言いたかったけど、言わなかった。

＊4文字で

8 どれくらいほしい？── 多ければ多いほどいい。

1 有事找我。

Yǒu shì zhǎo wǒ.

複文に直すと"如果有事的话，就找我"となる。[動詞＋目的語]と[仮定＋結論]という基本語順に従えば、簡単に並べ替えられる。仮定関係の場合、接続副詞"就"を省略することができる。

参考 下雨不去（雨なら行かない）/ 不下雨去（雨が降らないなら行く）

2 雨越下越大。

Yǔ yuè xià yuè dà.

「AすればするほどBになる」を表すには"越A越B"というパターンを使う。「雨」がここでは主語になる。この文は複文に直せないが、"你越说他，他越不听"（叱れば叱るほど、彼は聞いてくれない）のように複文にできる場合もある。

3 不参加不行。

Bù cānjiā bùxíng.

「Aしなければ許さない」ということで"不A不行"というパターンを使う。"不行"は「許さない＝だめだ」という意味の動詞。

4 有钱也不买。

Yǒu qián yě bù mǎi.

複文形式にすると"即使有钱，我也不买"。"也"は「～であっても」や「～しても」を表し、"有钱"と"不买"の間に置いて「"有钱"ということであっても"不买"ということになる」という意味を表す。

5 他非去不可。

Tā fēi qù bùkě.

"非…不可"は"他非去不可""非他不可"のように強い意志や必要性を表す以外に、"这样非出事不可"（こうすると必ず事故を起こす）のように必然性を表すこともできる。

6 有什么说什么。

Yǒu shénme shuō shénme.

"有什么，就说什么"から"就"とコンマを省略した言い方（→p.190 疑問詞の呼応）。同じ意味で"想说什么说什么"とも言える。

参考 该干什么干什么（すべきことをする）/ 要多少给多少（ほしいだけあげる）/ 学多少忘多少（学んだ分をすべて忘れる）

第 **4** 章

7 知错就改。

Zhī cuò jiù gǎi.

"既然知道有错, 就应该改"と言い換えることができる。[動詞＋目的語][事実＋推論]という基本語順に従えば、並べ替え方がわかる。

8 再忙也得锻炼。

Zài máng yě děi duànliàn.

「いくらＡであってもＢしなければならない」は"(即使) 再Ａ也得Ｂ"というパターンで表す。"再"はここでは「さらに」「これ以上」という意味。

練習2 解答例と解説

1 忙也得去。

Máng yě děi qù.

形容詞"忙"が主語となる。「～ても」は"也"で表す。「～しなければならない」は"得"か"要"で表し（"必须"などでも可）、動詞"去"の前に置く。複文形式にすると"即使忙, 也得去"。

2 怎么劝也不听。

Zěnme quàn yě bù tīng.

「どう～」は疑問代詞の"怎么"で表す。複文形式にすると"无论怎么劝, 他也 / 都不听"という「無条件文」になる。条件と結論の間は"也"や"都"でつなぐ。

3 不用写信, 打电话就行。

Búyòng xiě xìn, dǎ diànhuà jiù xíng.

"不用写信, 只要打电话就行"と言い換えられる。「～さえすれば」という条件文は"就"を用いる。"…就行"は「そうすれば十分だ」を表す常用のパターン。

4 不喜欢别勉强。

Bù xǐhuan bié miǎnqiǎng.

"不喜欢的话, 就别勉强"と言い換えられる。仮定関係の場合、接続副詞"就"を略すことができる。

5 谁想去谁去。

Shéi xiǎng qù shéi qù.

"谁想去, 谁就去"から"就"とコンマを省略した言い方。

6 他死也不道歉。

Tā sǐ yě bú dàoqiàn.

"他就是死，也不道歉" と言い換えられる。"死也不去" "死也不吃药" のように「絶対にしない」「どうしても嫌だ」ということを表す場合、特に口語では "死也不…" がよく使われる。

7 想说没说。

Xiǎng shuō méi shuō.

"想说，但是没说" の緊縮形式。"想说却没说" "想说又没说" のように "却" や "又" などを使ってもいいが、逆接関係の場合、誤解が生じない限り、接続語がなくてもいい。

8 你要多少？—— 越多越好。

Nǐ yào duōshao ? —— Yuè duō yuè hǎo.

「ほしい」は "要"。「A すればするほど B になる」は "越 A 越 B" のパターンで表す。ちなみに、「多ければ多いほどいい」を表すには四字熟語 "多多益善" がある。

緊縮文 + α

いろいろな常用の例

一看就懂。	見ればわかる。
难也得学。	難しくても勉強しなくてはならない。
用功才行。	努力してこそやっとできる。
知道还问？	知っているのになぜ聞く？
不行再说。	ダメだったら、また（別の方法を）考える。
多少也不够。	いくらあっても足りない。
喜欢就多吃。	好きならたくさん食べて。
说也说不清楚。	説明してもはっきり説明できない。
不想喝也得喝。	飲みたくなくても飲まなければならない。
玩儿就玩儿个痛快。	遊ぶのなら、思いっ切り遊びなさい。
简单却让人深思。	簡単だけど、深く考えさせられる。

接続副詞 "就" や "也" などはさまざまな複文関係を表すことができるので、意味の判断には文脈が重要です。

第 **4** 章

語句リスト

※この本で使われている意味のみを掲載しています。くわしい情報は辞書で確認してください。
※学習レベルを考慮し、既習と思われる一部の代名詞や方位詞などは省かれています。

A

啊	a	助〔感嘆や肯定などの語気を表す〕
挨	ái	動〜を受ける、〜される
爱	ài	動愛する
安静	ānjìng	形静かである
安心	ānxīn	形安心する
按时	ànshí	副時間どおりに
熬	áo	動堪え忍ぶ
熬夜	áo//yè	動徹夜する
奥运会	Àoyùnhuì	名オリンピック

B

巴掌	bāzhang	名手のひら
把	bǎ	前〜を
吧	ba	助①〜しよう ②〜だろう
百货商店	bǎihuò shāngdiàn	名デパート
摆	bǎi	動並べる
班	bān	名クラス
搬	bān	動運ぶ、移す
搬家	bān//jiā	動引っ越す
半	bàn	数半分
半天	bàntiān	数長い間
办	bàn	動する、やる
办法	bànfǎ	名方法
办理	bànlǐ	動（手続きを）する
帮	bāng	動助ける、手伝う
帮忙	bāng//máng	動手伝う
帮助	bāngzhù	動助ける、手伝う
棒球	bàngqiú	名野球

包	bāo	動包む
包袱	bāofu	名重荷、負担、悩み
包裹	bāoguǒ	名小包
包儿	bāor	名バッグ
包子	bāozi	名中華まんじゅう
保持	bǎochí	動保持する
保存	bǎocún	動保存する
保护	bǎohù	動守る、保護する
饱	bǎo	形お腹いっぱいである
报告	bàogào	名レポート 動報告する
报名	bào//míng	動申し込む
报纸	bàozhǐ	名新聞
杯	bēi	量〔コップに入った液体を数える〕
杯子	bēizi	名コップ
背	bèi	動暗唱する
被	bèi	前〜に（…される）
被…所〜	bèi...suǒ〜	…によって〜される
本	běn	量〜冊
鼻子	bízi	名鼻
比	bǐ	動比べる 前〜より
比较	bǐjiào	副比較的、わりと
比萨饼	bǐsàbǐng	名ピザ
比赛	bǐsài	名試合
笔顺	bǐshùn	名書き順
必须	bìxū	副必ず〜しなければならない
毕业	bì//yè	動卒業する

202

边…边〜	biān...biān〜	…しながら〜する	不行	bùxíng	動 だめだ
编造	biānzào	動 想像によって作り出す	不要	búyào	副 〜するな
			不要紧	búyàojǐn	形 大丈夫だ
变	biàn	動 変わる、変える	不用	búyòng	副 〜する必要がない
遍	biàn	量〔動作の始めから終わりまでを数える〕			
			不知不觉	bù zhī bù jué	知らず知らずのうちに
表明	biǎomíng	動 表明する			
表扬	biǎoyáng	動 ほめる	**C**		
别	bié	副 〜するな	擦	cā	動 拭く、こする
别人	biéren	名 ほかの人	猜	cāi	動 推量する
别说…	biéshuō...	…はおろか、〜さえも	才	cái	副 やっと、ようやく
就是〜	jiùshì〜		采访	cǎifǎng	動 取材する
宾馆	bīnguǎn	名 ホテル	采用	cǎiyòng	動 採用する
宾语	bīnyǔ	名 目的語	彩虹	cǎihóng	名 虹
冰激凌	bīngjīlíng	名 アイスクリーム	菜	cài	名 野菜、料理
冰啤	bīngpí	名 冷たいビール	参加	cānjiā	動 参加する
冰箱	bīngxiāng	名 冷蔵庫	参考书	cānkǎoshū	名 参考書
并	bìng	副 決して、別に	餐具	cānjù	名 食器
病	bìng	名 病気	藏	cáng	動 隠す、隠れる
博物馆	bówùguǎn	名 博物館	差别	chābié	名 違い、区別
不	bù	副 〜でない、〜しない	茶	chá	名 お茶
			查	chá	動 調べる、（辞書を）引く
不错	búcuò	形 悪くない、よい			
不但…	búdàn...érqiě〜	…だけでなく〜も	差	chà	形 劣る
而且〜			差不多	chàbuduō	形 ほとんど同じである
不但不…	búdàn bù...	…しないだけでなく、逆に〜			
反而〜	fǎn'ér〜		长	cháng	形 長い
不断	búduàn	副 絶えず	长期	chángqī	名 長期
不管…都〜	bùguǎn...dōu〜	…であろうとも〜	长椅	chángyǐ	名 ベンチ
不光	bùguāng	接 〜だけでなく	尝	cháng	動 味わう
不过	búguò	接 でも、ただし	常	cháng	副 よく、しょっちゅう
不仅	bùjǐn	接 〜だけでなく			
不论…都〜	búlùn...dōu〜	…であろうとも〜	常常	chángcháng	副 よく、しょっちゅう
不然	bùrán	接 さもないと			
不如	bùrú	動 〜に及ばない	场	cháng	量〔雨・病気・災害などを数える〕
不是…	bú shì...(ér)	…ではなく〜である			
（而）是〜	shì〜		场	chǎng	量〔演劇・試合などの回数を数える〕
不是…	bú shì...jiù	…でなければ〜である			
就是〜	shì〜		唱	chàng	動 歌う

抄	chāo	動（文章を）写す
超市	chāoshì	名スーパーマーケット
炒	chǎo	動炒める
吵	chǎo	動けんかする
吵架	chǎo//jià	動けんかする
车	chē	名車、車両
车站	chēzhàn	名駅、停留所
衬衫	chènshān	名ワイシャツ、ブラウス
成	chéng	動～となる
成功	chénggōng	動成功する
乘客	chéngkè	名乗客
惩罚	chéngfá	動厳重に処罰する
承认	chéngrèn	動認める
吃	chī	動食べる
吃惊	chī//jīng	動驚く
吃亏	chī//kuī	動損をする
迟到	chídào	動遅刻する
充分	chōngfèn	形十分である
抽烟	chōu//yān	動タバコを吸う
抽屉	chōuti	名引き出し
出	chū	動出る、出す
出差	chū//chāi	動出張する
出发	chūfā	動出発する
出国	chū//guó	動出国する
出事	chū//shì	動事故が起きる
出租车	chūzūchē	名タクシー
除非…才～	chúfēi...cái~	…してこそはじめて～
除非…否则～	chúfēi...fǒuzé~	…しない限り～
处理	chǔlǐ	動処理する
穿	chuān	動着る、履く
船	chuán	名船
传	chuán	動伝える
窗户	chuānghu	名窓
床	chuáng	名ベッド
创造	chuàngzào	動創造する
春节	Chūnjié	名春節（旧正月）

春天	chūntiān	名春
词	cí	名言葉、単語
词典	cídiǎn	名辞書
次	cì	量～回
聪明	cōngming	形賢い
从	cóng	前～から
从…到～	cóng...dào~	…から～まで
催	cuī	動促す、催促する
催促	cuīcù	動催促する
存	cún	動貯蓄する
存折	cúnzhé	名預金通帳
错	cuò	形間違っている
错儿	cuòr	名ミス

D

答应	dāying	動答える、承諾する
打	dǎ	動①打つ ②（電話を）かける ③（球技などを）する
打包	dǎ//bāo	動（食べ残した料理を）詰めて持ち帰る
打车	dǎ//chē	動タクシーに乗る
打的	dǎ//dī	動タクシーに乗る
打工	dǎ//gōng	動アルバイトをする
打扫	dǎsǎo	動掃除する
打算	dǎsuàn	動～するつもりだ
打疫苗	dǎ yìmiáo	ワクチンを接種する
打印	dǎ//yìn	動印刷する
打针	dǎ//zhēn	動注射する
大	dà	形大きい
大概	dàgài	副たぶん
大家	dàjiā	名みんな
大楼	dàlóu	名ビル
大人	dàren	名大人

大声	dàshēng	名 大声	~的话	dehuà	助 ～ならば
大使馆	dàshǐguǎn	名 大使館	地	de	助〔連用修飾語を
大型	dàxíng	形 大型の			作る〕
大学	dàxué	名 大学	得	de	助〔補語を導く〕
大衣	dàyī	名 コート	得	děi	助動 ～しなければ
呆	dāi	動 (あるところ			ならない
		に) とどまる	灯	dēng	名 明かり
代表	dàibiǎo	名 代表	等	děng	動 待つ
带	dài	動 身につける、連	低头	dī//tóu	動 っつむく
		れる	地球仪	dìqiúyí	名 地球儀
戴	dài	動 (帽子やメガネ	地区	dìqū	名 地区、地域
		を) 身につける	地铁	dìtiě	名 地下鉄
担心	dān//xīn	動 心配する	地图	dìtú	名 地図
单词	dāncí	名 単語	地震	dìzhèn	動 地震が起こる
单位	dānwèi	名 職場	地址	dìzhǐ	名 住所
但是	dànshì	接 しかし	递	dì	動 手渡す
蛋糕	dàngāo	名 ケーキ	点	diǎn	量 ～時
当然	dāngrán	副 もちろん	点儿	diǎnr	量 少し
当时	dāngshí	名 当時、そのころ	点头	diǎn//tóu	動 うなずく
当	dāng	動 ～になる	点心	diǎnxīn	名 菓子、軽食
刀	dāo	名 ナイフ	店	diàn	名 店
刀子	dāozi	名 ナイフ	电风扇	diànfēngshàn	名 扇風機
倒	dǎo	動 倒れる	电话	diànhuà	名 電話
倒霉	dǎoméi	形 運が悪い	电脑	diànnǎo	名 パソコン
到	dào	動 ①行く、来る	电视	diànshì	名 テレビ
		②着く、達する	电梯	diàntī	名 エレベーター
到达	dàodá	動 到達する	电影	diànyǐng	名 映画
到底	dàodǐ	副 いったい	电影院	diànyǐngyuàn	名 映画館
倒	dào	動 逆さまにする	电子	diànzǐ	名 電子
道理	dàoli	名 道理	掉	diào	動 ①落ちる
道路	dàolù	名 道路			②取り除く
道歉	dào//qiàn	動 謝る	定	dìng	動 決める、決まる
得	dé	動 得る、手に入れ	丢	diū	動 なくす
		る	冬天	dōngtiān	名 冬
得奖	dé//jiǎng	賞をもらう	东西	dōngxi	名 もの
德语	Déyǔ	名 ドイツ語	懂	dǒng	動 わかる
的	de	助 ①〔連体修飾語	懂得	dǒngde	動 わかる
		を作る〕	动	dòng	動 動く
		②〔文末で確認	动画片	dònghuàpiàn	名 アニメ
		の語気を表す〕	动手	dòng//shǒu	動 手を出す

动物园	dòngwùyuán	名動物園				

<table>
<tr><td>动物园</td><td>dòngwùyuán</td><td>名動物園</td></tr>
<tr><td>冻</td><td>dòng</td><td>動凍える</td></tr>
<tr><td>栋</td><td>dòng</td><td>量〔家屋を数える〕</td></tr>
<tr><td>都</td><td>dōu</td><td>副すべて、みな</td></tr>
<tr><td>毒</td><td>dú</td><td>名毒</td></tr>
<tr><td>堵车</td><td>dǔ//chē</td><td>動渋滞する</td></tr>
<tr><td>肚子</td><td>dùzi</td><td>名おなか</td></tr>
<tr><td>短发</td><td>duǎnfà</td><td>名短髪、ショートカット</td></tr>
<tr><td>短裤</td><td>duǎnkù</td><td>名ショートパンツ</td></tr>
<tr><td>短期</td><td>duǎnqī</td><td>形短期</td></tr>
<tr><td>锻炼</td><td>duànliàn</td><td>動鍛える</td></tr>
<tr><td>对</td><td>duì</td><td>前～に（対して）
量〔2つで1組のものを数える〕
形正しい、合っている</td></tr>
<tr><td>蹲</td><td>dūn</td><td>動しゃがむ</td></tr>
<tr><td>顿</td><td>dùn</td><td>量〔食事・叱責などの回数を数える〕</td></tr>
<tr><td>多</td><td>duō</td><td>形多い
代どれだけ</td></tr>
<tr><td>多少</td><td>duōshao</td><td>代どのくらい</td></tr>
<tr><td>多少钱</td><td>duōshao qián</td><td>いくら</td></tr>
<tr><td>多余</td><td>duōyú</td><td>形余計である</td></tr>
<tr><td>躲</td><td>duǒ</td><td>動避ける</td></tr>
</table>

E

饿	è	形お腹が減っている
欸	éi	感〔意外な気持ちを表す〕
儿子	érzi	名息子
而且	érqiě	接そのうえ
耳朵	ěrduo	名耳
耳机	ěrjī	名イヤホン

F

<table>
<tr><td>发</td><td>fā</td><td>動（メールなどを）送信する</td></tr>
<tr><td>发明</td><td>fāmíng</td><td>動発明する</td></tr>
<tr><td>发生</td><td>fāshēng</td><td>動起こる、発生する</td></tr>
<tr><td>发音</td><td>fāyīn</td><td>名発音</td></tr>
<tr><td>法语</td><td>Fǎyǔ</td><td>名フランス語</td></tr>
<tr><td>翻译</td><td>fānyì</td><td>動翻訳する、通訳する</td></tr>
<tr><td>凡是</td><td>fánshì</td><td>副すべて</td></tr>
<tr><td>反对</td><td>fǎnduì</td><td>動反対する</td></tr>
<tr><td>反正</td><td>fǎnzheng</td><td>副どのみち</td></tr>
<tr><td>饭</td><td>fàn</td><td>名ご飯、食事</td></tr>
<tr><td>饭馆儿</td><td>fànguǎnr</td><td>名レストラン</td></tr>
<tr><td>方便</td><td>fāngbiàn</td><td>形便利である</td></tr>
<tr><td>方法</td><td>fāngfǎ</td><td>名方法</td></tr>
<tr><td>房间</td><td>fángjiān</td><td>名部屋</td></tr>
<tr><td>房子</td><td>fángzi</td><td>名家、家屋</td></tr>
<tr><td>放</td><td>fàng</td><td>動①休みになる
②置く、入れる
③放す、逃がす</td></tr>
<tr><td>放假</td><td>fàng//jià</td><td>動休みになる</td></tr>
<tr><td>放弃</td><td>fàngqì</td><td>動放棄する、あきらめる</td></tr>
<tr><td>放松</td><td>fàngsōng</td><td>動リラックスする</td></tr>
<tr><td>飞</td><td>fēi</td><td>動飛ぶ</td></tr>
<tr><td>飞机</td><td>fēijī</td><td>名飛行機</td></tr>
<tr><td>非～不可</td><td>fēi~bùkě</td><td>ぜひとも～でなければならない</td></tr>
<tr><td>非常</td><td>fēicháng</td><td>副非常に</td></tr>
<tr><td>费劲</td><td>fèi//jìn</td><td>動骨が折れる</td></tr>
<tr><td>分</td><td>fēn</td><td>動分ける、分かれる</td></tr>
<tr><td>分（钟）</td><td>fēn(zhōng)</td><td>量～分</td></tr>
<tr><td>风</td><td>fēng</td><td>名風</td></tr>
<tr><td>风景</td><td>fēngjǐng</td><td>名風景</td></tr>
<tr><td>封</td><td>fēng</td><td>量～通</td></tr>
<tr><td>丰富</td><td>fēngfù</td><td>形豊富である</td></tr>
<tr><td>蜂蜜</td><td>fēngmì</td><td>名ハチミツ</td></tr>
</table>

否则	fǒuzé	接 さもなければ	个子	gèzi	名 背丈
夫妻	fūqī	名 夫婦	各种各样	gèzhǒng	さまざまな
夫人	fūren	名 夫人		gèyàng	
扶	fú	動 支える、助け起こす	个	ge	量 〜個、〜人
符合	fúhé	動 合致する、合う	给	gěi	動 あげる
服务	fúwù	動 サービスする			前 〜に、〜のために
幅	fú	量 〔絵画などを数える〕	跟	gēn	動 （先生に）ついて〜する
父母	fùmǔ	名 両親			前 〜と
父亲	fùqin	名 父、お父さん	更	gèng	副 さらに
富裕	fùyù	形 裕福である	工资	gōngzī	名 給料
			工作	gōngzuò	動 仕事をする
G					名 仕事
该	gāi	助動 〜すべきである	公分	gōngfēn	名 センチメートル
改	gǎi	動 変える、訂正する	公交（车）	gōngjiāo(chē)	名 バス
改变	gǎibiàn	動 変わる、変える	公司	gōngsī	名 会社
改善	gǎishàn	動 改善する	公园	gōngyuán	名 公園
干净	gānjìng	形 清潔である	巩固	gǒnggù	動 強化する
尴尬	gāngà	形 気まずい	狗	gǒu	名 イヌ
感动	gǎndòng	動 感動する	够	gòu	動 足りる、達する
感恩	gǎn//ēn	動 恩に感謝する	鼓励	gǔlì	動 励ます
感冒	gǎnmào	動 風邪をひく	鼓掌	gǔ//zhǎng	動 拍手する
赶得上	gǎndeshàng	動 間に合う	故意	gùyì	副 故意に
赶快	gǎnkuài	副 急いで	故障	gùzhàng	名 故障
干	gàn	動 する、やる	顾客	gùkè	名 お客、お得意様
刚	gāng	副 〜したばかり	刮	guā	動 （風が）吹く
刚才	gāngcái	名 先ほど	挂	guà	動 掛ける
钢笔	gāngbǐ	名 万年筆	关	guān	動 ①閉める
钢琴	gāngqín	名 ピアノ			②（電気機器を）消す
高	gāo	形 高い			
高铁	gāotiě	名 高速鉄道	关键	guānjiàn	形 肝心の
高兴	gāoxìng	形 うれしい	关系	guānxi	名 仲
告诉	gàosu	名 伝える	关于	guānyú	前 〜について
歌儿	gēr	名 歌	管用	guǎn//yòng	動 役に立つ
胳膊	gēbo	名 腕	惯	guàn	動 甘やかす
疙瘩	gēda	名 できもの、にきび	罐儿	guànr	量 〔缶に入っているものを数える〕
			光	guāng	形 何も残っていない

逛	guàng	動 ぶらつく	合适	héshì	形 ふさわしい
规则	guīzé	名 規則	盒饭	héfàn	名 弁当
贵	guì	形 値段が高い	贺年片	hèniánpiàn	名 年賀状
国	guó	名 国	黑	hēi	形 黒い、暗い
国家	guójiā	名 国	黑板	hēibǎn	名 黒板
果酱	guǒjiàng	名 ジャム	很	hěn	副 とても
果汁	guǒzhī	名 ジュース	狠狠	hěnhěn	副 厳しく、容赦なく
过	guò	動 ①過ぎる、渡る ②過ごす、経過する	恨	hèn	動 恨む
过路	guòlù	動 通りすがる	红	hóng	形 赤い
过夜	guò//yè	動 一夜を過ごす	红茶	hóngchá	名 紅茶
过	guo	助 ①〜したことがある ②〜した	猴子	hóuzi	名 サル
			后悔	hòuhuǐ	動 後悔する
			后来	hòulái	名 その後、それから
			呼吸	hūxī	名 呼吸
H			互联网	hùliánwǎng	名 インターネット
还	hái	副 まだ、さらに	护照	hùzhào	名 パスポート
还是	háishi	接 それとも 副 やはり	花	huā	動 使う、費やす
			花瓶	huāpíng	名 花瓶
孩子	háizi	名 子ども	花儿	huār	名 花
海边	hǎibiān	名 海	花言巧语	huāyán qiǎoyǔ	甘い言葉
海鱼	hǎiyú	名 海の魚	划不来	huábulái	形 割に合わない、引き合わない
寒假	hánjià	名 冬休み			
韩语	Hányǔ	名 韓国語	话	huà	名 話、ことば
喊	hǎn	動 叫ぶ、わめく	画	huà	動 描く
汗	hàn	名 汗	画儿	huàr	名 絵画
汉语	Hànyǔ	名 中国語	坏	huài	形 悪い、壊れている
好	hǎo	形 よい			
好吃	hǎochī	形 おいしい	欢迎	huānyíng	動 歓迎する
好好儿	hǎohāor	副 しっかりと	还	huán	動 返す
好几	hǎojǐ	数 いくつも	环境	huánjìng	名 環境
好像	hǎoxiàng	副 〜のようだ	换	huàn	動 交換する
好用	hǎoyòng	形 使いやすい	患者	huànzhě	名 患者
号	hào	量 〜日	谎话	huǎnghuà	名 うそ
号码	hàomǎ	名 番号	挥手	huī//shǒu	動 手を振る
喝	hē	動 飲む	回	huí	動 戻る、帰る 量 〜回
合不来	hébulái	形 気が合わない、馬が合わない			
			回答	huídá	動 答える
合理	hélǐ	形 合理的である	回头	huí//tóu	動 振り返る

回信	huí//xìn	動 返信する	加入	jiārù	動 加入する
回忆	huíyì	名 思い出、回憶	价格	jiàgé	名 価格
会	huì	助動 ①〜する可能性がある ②〜できる 動 できる 名 会議	价钱	jiàqian	名 値段
			架	jià	量〔機械などを数える〕
			驾照	jiàzhào	名 運転免許
			煎	jiān	動 少量の油で焼く
会场	huìchǎng	名 会場	坚持	jiānchí	動 頑張って続ける
会话	huìhuà	名 会話	坚决	jiānjué	形 きっぱりしている
昏	hūn	動 気を失う			
浑身	húnshēn	名 全身、体中	剪	jiǎn	動 (ハサミで)切る
活动	huódòng	名 活動	检查	jiǎnchá	動 検査する
或者	huòzhě	接 あるいは	简单	jiǎndān	形 簡単な、単純な
			减少	jiǎnshǎo	動 減少する
J			见	jiàn	動 ①会う ②感じとる
几乎	jīhū	副 ほとんど			
机场	jīchǎng	名 空港	见面	jiàn//miàn	動 会う
机会	jīhuì	名 機会	件	jiàn	量〔衣服や事柄を数える〕
机器人	jīqìrén	名 ロボット			
鸡蛋	jīdàn	名 卵	渐渐	jiànjiàn	副 しだいに
基本上	jīběnshàng	副 基本的に	建议	jiànyì	動 提案する
基础	jīchǔ	名 基礎	健康	jiànkāng	形 健康である
即使…也〜	jíshǐ...yě〜	たとえ…であっても〜	健身房	jiànshēnfáng	名 スポーツジム
			将来	jiānglái	名 将来
几	jǐ	代 いくつ	讲究	jiǎngjiu	動 気をつける
记	jì	動 覚える、書き留める	酱油	jiàngyóu	名 しょうゆ
			交	jiāo	動 提出する
记录	jìlù	名 記録	交通费	jiāotōngfèi	名 交通費
寄	jì	動 郵送する	郊区	jiāoqū	名 郊外
既…又〜	jì...yòu〜	…でもあり、〜でもある	郊游	jiāoyóu	動 ピクニックをする
既然…就〜	jìrán...jiù〜	…したからには〜する	教	jiāo	動 教える
			饺子	jiǎozi	名 餃子
继续	jìxù	動 継続する	叫	jiào	動 ①叫ぶ ②名を〜という ③〜させる 前 〜に(…される)
家	jiā	名 家 量〔家庭や商店・企業などを数える〕			
家具	jiājù	名 家具	教室	jiàoshì	名 教室
家务	jiāwù	名 家事	教授	jiàoshòu	名 教授
加班	jiā//bān	動 残業する			

街	jiē	名 街、大通り			②…ならば〜だ	
接	jiē	動 迎える	就要〜了	jiù yào~le	まもなく〜する	
接着	jiēzhe	副 引き続いて	就是…也〜	jiùshì… yě~	たとえ…であって	
节目	jiémù	名 番組			も〜	
节省	jiéshěng	動 節約する	就业	jiùyè	動 就職する	
节约	jiéyuē	動 節約する	举手	jǔ//shǒu	動 手を挙げる	
结果	jiéguǒ	接 結局	举行	jǔxíng	動 行う	
结婚	jié//hūn	動 結婚する	句	jù	量 〔言葉を数える〕	
结论	jiélùn	名 結論	句子	jùzi	名 文	
解	jiě	動 ほどく	拒绝	jùjué	動 拒絶する	
解雇	jiěgù	動 解雇する	聚精会神	jù jīng huì shén	精神を集中する	
解决	jiějué	動 解決する	绝	jué	副 絶対に	
解释	jiěshì	動 説明する	绝对	juéduì	副 絶対に	
介绍	jièshào	動 紹介する	觉得	juéde	動 〜と思う	
借	jiè	動 借りる、貸す	决定	juédìng	動 決める	
今年	jīnnián	名 今年				
今天	jīntiān	名 今日	**K**			
今晚	jīnwǎn	名 今晩	咖啡	kāfēi	名 コーヒー	
尽管	jǐnguǎn	接 〜にもかかわらず	卡车	kǎchē	名 トラック	
			开	kāi	動 ①開く	
尽管… 但是〜	jǐnguǎn… dànshì~	…にもかかわらず 〜			②運転する	
尽量	jǐnliàng	副 できるだけ	开车	kāi//chē	動 (車を) 運転する	
紧张	jǐnzhāng	形 緊張している	开朗	kāilǎng	形 朗らかである	
近	jìn	形 近い	开始	kāishǐ	動 始める、始まる	
近况	jìnkuàng	名 近況	开玩笑	kāi wánxiào	冗談を言う	
进	jìn	動 入る、進む	开心	kāixīn	形 愉快である、楽 しい	
进步	jìnbù	動 進歩する	看	kàn	動 ①見る	
进口	jìn//kǒu	動 輸入する			②見舞う	
进行	jìnxíng	動 行う	看不起	kànbuqǐ	動 見くびる、軽視 する	
经常	jīngcháng	副 よく、しょっ ちゅう	看来	kànlái	動 見たところ〜の ようだ	
经验	jīngyàn	名 経験				
竟然	jìngrán	副 意外にも	看望	kànwàng	動 見舞う	
静	jìng	形 静かである	考	kǎo	動 試験する	
静音	jìngyīn	名 (携帯電話の) マナーモード	考试	kǎoshì	動 試験する	
			科学	kēxué	名 科学	
酒	jiǔ	名 酒	可爱	kě'ài	形 かわいい	
旧	jiù	形 古い	可能	kěnéng	名 可能性	
就	jiù	副 ①すぐ、もう				

		助動 ～かもしれない
可是	kěshì	接 しかし
可以	kěyǐ	助動 ①～できる ②～してよい
克服	kèfú	動 克服する
客气	kèqi	形 遠慮する
客人	kèrén	名 客
课	kè	名 授業
课本	kèběn	名 教科書
课文	kèwén	名 教科書の本文
肯定	kěndìng	副 間違いなく
空调	kōngtiáo	名 エアコン
恐怕	kǒngpà	副 おそらく
空儿	kòngr	名 暇
口	kǒu	量〔口の動作の回数を数える〕
口袋	kǒudai	名 ポケット
口罩	kǒuzhào	名 マスク
哭	kū	動 泣く
苦	kǔ	形 苦い
酷	kù	形 かっこいい
快	kuài	形 速い
快要～了	kuài yào~le	もうすぐ～する
筷子	kuàizi	名 箸
款式	kuǎnshì	名 デザイン
困	kùn	形 眠い
困难	kùnnan	形 困難である

L

垃圾	lājī	名 ゴミ
垃圾箱	lājīxiāng	名 ゴミ箱
来	lái	動 来る
来不及	láibují	動 間に合わない
来得及	láidejí	動 間に合う
篮球	lánqiú	名 バスケットボール
浪费	làngfèi	動 浪費する
老板	lǎobǎn	名 上司、ボス
老花镜	lǎohuājìng	名 老眼鏡

老家	lǎojiā	名 故郷
老师	lǎoshī	名 先生
老实	lǎoshi	形 まじめである
老鼠	lǎoshǔ	名 ネズミ
了	le	助 ①〔動作の発生・完了を表す〕 ②〔出来事の発生、状態の変化を表す〕
雷	léi	名 雷
累	lèi	形 疲れている
冷	lěng	形 寒い
礼物	lǐwù	名 プレゼント
理发	lǐ//fà	動 理髪する
理解	lǐjiě	動 理解する、わかる
理论	lǐlùn	名 理論
理由	lǐyóu	名 理由
力气	lìqi	名 力
厉害	lìhai	形 すごい、ひどい
粒	lì	量 ～粒
俩	liǎ	数 ふたり
连…	lián... yě/dōu~	…でさえも～
也／都～		
联系	liánxì	動 連絡する
脸	liǎn	名 顔
脸色	liǎnsè	名 顔色
练	liàn	動 練習する
练习	liànxí	動 練習する
凉快	liángkuai	形 涼しい
量	liáng	動 はかる
亮	liàng	形 明るい
		動 光る
辆	liàng	量〔車両を数える〕
晾	liàng	動 干す、乾かす
聊	liáo	動 おしゃべりする
聊天儿	liáo//tiānr	動 おしゃべりする
了不起	liǎobuqǐ	形 すごい、すばらしい
了解	liǎojiě	動 理解する、知る

料酒	liàojiǔ	名 料理酒
邻居	línjū	名 隣人
淋	lín	動 濡らす
铃	líng	名 ベル
领带	lǐngdài	名 ネクタイ
另	lìng	代 別の、ほかの
令	lìng	動 〜させる
留	liú	動 ①留まる、残る ②残す
留学	liú//xué	動 留学する
留学生	liúxuéshēng	名 留学生
流利	liúlì	形 流暢である
楼	lóu	名 〜階
录	lù	動 記録する
录取	lùqǔ	動 採用する、採る
录音	lùyīn	名 録音
路	lù	名 道
旅行	lǚxíng	動 旅行する
旅行箱	lǚxíngxiāng	名 スーツケース
律师	lǜshī	名 弁護士
乱	luàn	形 でたらめである、 むやみに

M

麻烦	máfan	形 面倒である
马路	mǎlù	名 大通り
马上	mǎshàng	副 すぐに
骂	mà	動 ののしる、叱る
吗	ma	助 〜か〔疑問の語 気を表す〕
买	mǎi	動 買う
卖	mài	動 売る
瞒	mán	動 （真相を）隠す、 ごまかす
满	mǎn	形 満ち足りている
满意	mǎnyì	動 満足する
慢	màn	形 遅い
慢慢	mànmàn	ゆっくりと
漫画	mànhuà	名 漫画
忙	máng	形 忙しい

猫	māo	名 ネコ
毛笔	máobǐ	名 筆、毛筆
毛巾	máojīn	名 タオル
毛衣	máoyī	名 セーター
帽子	màozi	名 帽子
没有	méiyou	動 ない、いない、 持っていない
没(有)	méi(you)	副 〜していない、 〜しなかった
每	měi	代 毎〜
美	měi	形 美しい
美好	měihǎo	形 美しい、すばら しい
闷	mēn	形 蒸す、蒸し暑い
门	mén	名 ドア
米	mǐ	名 米
米饭	mǐfàn	名 米、ご飯
秘密	mìmì	名 秘密
密码	mìmǎ	名 パスワード
蜜蜂	mìfēng	名 ミツバチ
免得	miǎnde	接 〜せずにすむよ うにする
勉强	miǎnqiǎng	動 無理強いする
面试	miànshì	動 面接する
面条	miàntiáo	名 麺
名	míng	量〔人数を数え る〕
名牌	míngpái	名 ブランド
名片	míngpiàn	名 名詞
名胜古迹	míngshèng gǔjì	名所旧跡
名字	míngzi	名 名前
明白	míngbai	形 わかる
明确	míngquè	形 はっきりしてい る
明天	míngtiān	名 明日
命令	mìnglìng	動 命令する
蘑菇	mógu	名 きのこ
母亲	mǔqin	名 母、お母さん

N

拿	ná	動 持つ、取る
哪怕…也～	nǎpà...yě~	たとえ…であっても～
那么	nàme	代 ①あんなに、そんなに ②それでは
那样	nàyàng	代 あんなふうに、そんなふうに
男	nán	形 男性の
男朋友	nánpéngyou	名 ボーイフレンド
难	nán	形 難しい
难得	nándé	形 めったに～しない
难过	nánguò	形 辛い、苦しい
难受	nánshòu	形 辛い、やりきれない
闹钟	nàozhōng	名 目覚まし時計
呢	ne	助 ①〔省略疑問文を作る〕 ②〔確認の語気を表す〕 ③〔動作や状態の持続を表す〕
内陆	nèilù	名 内陸
能	néng	助動 ～できる
能力	nénglì	名 能力
腻	nì	形 飽きる
年	nián	名 年
年纪	niánjì	名 (人の) 年齢
年龄	niánlíng	名 年齢
年轻	niánqīng	形 若い
念	niàn	動 声に出して読む
拧	nǐng	動 ひねる、ねじる
宁可… 也不～	nìngkě... yě bù~	…してでも～しない
宁可… 也要～	nìngkě... yě yào~	…してでも～する
宁愿	nìngyuàn	副 …してでも～したい

牛奶	niúnǎi	名 牛乳
牛仔裤	niúzǎikù	名 ジーンズ
弄	nòng	動 いじる
努力	nǔ//lì	動 努力する
女儿	nǚ'ér	名 娘
女孩儿	nǚháir	名 女の子
暖和	nuǎnhuo	形 暖かい

O

偶尔	ǒu'ěr	副 たまに、ときどき

P

趴	pā	動 腹ばいになる
爬	pá	動 よじ登る
怕	pà	動 恐れる、心配する
拍	pāi	動 (写真を) 撮る
派	pài	動 派遣する
盘子	pánzi	名 皿
旁边	pángbiān	名 そば、かたわら
胖	pàng	形 太っている
跑	pǎo	動 走る、逃げる
培养	péiyǎng	動 養成する
朋友	péngyou	名 友だち
批评	pīpíng	動 批判する、叱る
啤酒	píjiǔ	名 ビール
篇	piān	量 〔文章を数える〕
偏心	piānxīn	形 気持ちが偏っている
偏远	piānyuǎn	形 辺鄙な場所で遠い
便宜	piányi	形 安い
片	piàn	量 〔扁平な形のものを数える〕
骗	piàn	動 だます
票	piào	名 チケット
漂亮	piàoliang	形 きれいである
拼音	pīnyīn	名 ピンイン
乒乓球	pīngpāngqiú	名 卓球

平板电脑	píngbǎn diànnǎo	名タブレットパソコン
平静	píngjìng	形落ち着いている
平时	píngshí	名ふだん
苹果	píngguǒ	名リンゴ
瓶	píng	名瓶
		量〔瓶に入ったものを数える〕
破	pò	動壊れる、破る
葡萄酒	pútaojiǔ	名ワイン
普通	pǔtōng	形一般的である

Q

期末	qīmò	名期末
妻子	qīzi	名妻
骑	qí	動（またがって）乗る
起	qǐ	動起きる、立ち上がる、（できものが）できる
起床	qǐ//chuáng	動起きる
起名	qǐ//míng	動名前をつける
气	qì	動怒る
		名息
汽车	qìchē	名自動車
千万	qiānwàn	副くれぐれも
铅笔	qiānbǐ	名鉛筆
签证	qiānzhèng	名ビザ
钱	qián	名お金
钱包	qiánbāo	名財布
墙	qiáng	名壁
强化	qiánghuà	動強化する
敲	qiāo	動たたく
桥	qiáo	名橋
巧克力	qiǎokèlì	名チョコレート
亲切	qīnqiè	形親しい、心がこもっている
亲眼	qīnyǎn	副自分の目で
亲自	qīnzì	副自ら

清楚	qīngchu	形はっきりしている
轻轻	qīngqīng	軽く、そっと
情况	qíngkuàng	名状況
请	qǐng	動①（人に）～してもらう ②招待する、ごちそうする ③どうぞ～してください
请假	qǐng//jià	動休みをもらう
请教	qǐngjiào	動教えを請う
请客	qǐng//kè	動招待する、おごる
球	qiú	名ボール
取	qǔ	動取る
去	qù	動行く
全部	quánbù	名全部
全国	quánguó	名全国
拳	quán	名こぶし
劝	quàn	動勧める、説得する
却	què	副かえって、にもかかわらず
确实	quèshí	形確実である
裙子	qúnzi	名スカート

R

然后	ránhòu	接それから
让	ràng	動～させる
		前～に(…される)
让座	ràng//zuò	動席を譲る
热	rè	形暑い
热闹	rènao	形にぎやかである
热水	rèshuǐ	名お湯
人	rén	名人
人才	réncái	名人材
人工	réngōng	形人工的である
人气	rénqì	名人気
人数	rénshù	名人数

214

认识	rènshi	動 知り合う	深思	shēnsī	動 深く考える
认为	rènwéi	動 ～と考える	深夜	shēnyè	名 深夜
认真	rènzhēn	形 真剣である	什么	shénme	代 何、どんな
任何	rènhé	代 どんな～でも	什么地方	shénme dìfang	どこ
扔	rēng	動 投げる、捨てる	什么时候	shénme shíhou	いつ
仍然	réngrán	副 依然として	生	shēng	動 生まれる
日记	rìjì	名 日記	生病	shēng//bìng	動 病気になる
日语	Rìyǔ	名 日本語	生词	shēngcí	名 新出単語
日元	rìyuán	名 日本円	生活	shēnghuó	動 生活する
日子	rìzi	名 日、期日			名 生活
容易	róngyì	形 易しい	生气	shēng//qì	動 怒る
绒布	róngbù	名 毛織物	生日	shēngrì	名 誕生日
肉	ròu	名 肉	生意	shēngyi	名 商売
如果…就～	rúguǒ…jiù~	もし…ならば～	生鱼	shēngyú	名 刺身
软	ruǎn	形 軟らかい	声音	shēngyīn	名 声、音
软件	ruǎnjiàn	名 ソフトウェア	省得	shěngde	接 ～せずにすむようにする

S			胜	shèng	動 勝る
撒谎	sā//huǎng	動 うそをつく	剩	shèng	動 残る、余る
散步	sàn//bù	動 散歩する	失望	shīwàng	動 失望する
晒	shài	動 日に当たる	湿	shī	形 湿っている
山	shān	名 山	时候	shíhou	名 ～するとき
删	shān	動 削除する	时间	shíjiān	名 時間
伤	shāng	動 傷つく、傷つける	时刻	shíkè	名 時刻
商店	shāngdiàn	名 店	时刻表	shíkèbiǎo	名 時刻表
商量	shāngliang	動 相談する	时期	shíqī	名 時期
上	shàng	動 ①上がる、登る ②行く、出かける	实验	shíyàn	名 実験
			实在	shízài	副 たしかに、実際には
上班	shàng//bān	動 出勤する			
上网	shàng//wǎng	動 インターネットに接続する	食品	shípǐn	名 食品
			食欲	shíyù	名 食欲
少	shǎo	形 少ない	使	shǐ	動 ～に(…させる)
社会	shèhuì	名 社会	世界	shìjiè	名 世界
社团	shètuán	名 サークル	事(儿)	shì(r)	名 こと
设备	shèbèi	名 設備	事情	shìqing	名 こと
谁	shéi	代 だれ	试	shì	動 試す
申请	shēnqǐng	動 申請する	视力	shìlì	名 視力
伸	shēn	動 伸ばす	视频	shìpín	名 映像、動画
身体	shēntǐ	名 体	是	shì	動 ～である
深	shēn	形 深く	是～的	shì~de	～ということだ

215

似的	shìde	助 ～のようだ
适合	shìhé	動 適合する、ふさわしい
适应	shìyìng	動 順応する
收	shōu	動 収める、受け取る
收集	shōují	動 集める
收拾	shōushi	動 片づける
手	shǒu	名 手
手机	shǒujī	名 携帯電話
手术	shǒushù	名 手術
守	shǒu	動 見守る
首	shǒu	量 〔詩や歌を数える〕
首饰	shǒushi	名 アクセサリー
受	shòu	動 受ける
受不了	shòubuliǎo	動 耐えられない、我慢できない
受得了	shòudeliǎo	動 耐えられる
受损	shòusǔn	動 損をする
瘦	shòu	形 痩せている
寿司	shòusī	名 寿司
书	shū	名 本
书包	shūbāo	名 かばん
书房	shūfáng	名 書斎
书架	shūjià	名 書棚
舒服	shūfu	形 気持ちいい
暑假	shǔjià	名 夏休み
数	shǔ	動 数える
树	shù	名 木
数学	shùxué	名 数学
刷	shuā	動 (ブラシで)洗う
摔	shuāi	動 倒れる、転ぶ、落ちて壊れる
双	shuāng	量 〔ペアのものを数える〕
水池	shuǐchí	名 池
水果	shuǐguǒ	名 果物
水饺	shuǐjiǎo	名 水餃子
水平	shuǐpíng	名 レベル

水族馆	shuǐzúguǎn	名 水族館
睡	shuì	動 眠る
睡觉	shuì//jiào	動 眠る
顺利	shùnlì	形 順調である
说	shuō	動 話す
说话	shuō//huà	動 話をする
说谎	shuō//huǎng	動 うそをつく
死	sǐ	動 死ぬ
死机	sǐ//jī	動 (パソコンが)フリーズする
送	sòng	動 送る、贈る
速度	sùdù	名 スピード
宿舍	sùshè	名 寮
塑料	sùliào	名 プラスチック
虽然… 但是～	suīrán... dànshì~	…ではあるが、しかし～
随便	suíbiàn	形 勝手である、気軽である
随时	suíshí	副 いつでも
岁	suì	量 ～歳
岁数	suìshu	名 年齢
碎	suì	動 砕く、ばらばらになる
损失	sǔnshī	名 損、損失
锁	suǒ	動 鍵をかける
所有	suǒyǒu	形 すべての

T

T恤衫	T xùshān	名 Tシャツ
台	tái	量 〔機械などを数える〕
台词	táicí	名 セリフ
台灯	táidēng	名 電気スタンド
太～(了)	tài~(le)	副 あまりに～だ
太阳	tàiyang	名 太陽
态度	tàidu	名 態度
谈话	tán//huà	動 話をする
弹	tán	動 (弦楽器を)弾く
糖	táng	名 砂糖、アメ
躺	tǎng	動 横たわる

烫伤	tàngshāng	動 やけどをする	同时	tóngshí	名 同時
趟	tàng	量〔往復の回数を数える〕	同事	tóngshì	名 同僚
掏	tāo	動 手を入れて取り出す	同学	tóngxué	名 同級生、同窓生
			同意	tóngyì	動 同意する
逃	táo	動 逃げる	痛快	tòngkuai	形 思い切り
讨论	tǎolùn	動 討論する	偷	tōu	動 盗む
讨厌	tǎoyàn	動 嫌う、嫌いだ	头	tóu	名 頭
特别	tèbié	副 特に	突然	tūrán	形 突然である
疼	téng	形 痛い	涂	tú	動 塗る
踢	tī	動 蹴る、(サッカーを) する	图书馆	túshūguǎn	名 図書館
			图章	túzhāng	名 印鑑
提高	tí//gāo	動 向上させる	团结	tuánjié	動 団結する
体型	tǐxíng	名 体型	腿	tuǐ	名 足
体育	tǐyù	名 体育	退步	tuìbù	動 後退する
天	tiān	量 ～日間	退货	tuì//huò	動 返品する
天气	tiānqì	名 天気	托	tuō	動 頼む、ことづける
填	tián	動 記入する、書き込む	拖	tuō	動 引き延ばす
			脱	tuō	動 脱ぐ
甜言蜜语	tiányán mìyǔ	甘い言葉			
条	tiáo	量〔細長いものを数える〕	**W**		
			娃娃	wáwa	名 人形
条件	tiáojiàn	名 条件	外出	wàichū	動 外出する
调	tiáo	動 調整する	外国	wàiguó	名 外国
挑战	tiǎo//zhàn	動 挑戦する	外语	wàiyǔ	名 外国語
跳	tiào	動 跳ぶ	完	wán	動 終わる、完成する
跳槽	tiàocáo	動 転職する			
跳舞	tiào//wǔ	動 踊る、ダンスをする	完全	wánquán	副 まったく
			玩儿	wánr	動 遊ぶ
贴	tiē	動 貼る	玩意儿	wányìr	名 (けなした意味で) もの、やつ
听	tīng	動 聞く			
听话	tīng//huà	動 言うことを聞く	晚	wǎn	形 遅い、遅れる
听说	tīngshuō	動 聞くところによると～	晚饭	wǎnfàn	名 夕食
			晚上	wǎnshang	名 夜
停	tíng	動 停める	碗	wǎn	名 お椀
挺～(的)	tǐng~(de)	副 なかなか～だ	网上	wǎngshang	名 インターネット上
通过	tōngguò	動 通過する 前 ～を通して	往	wǎng	前 ～に向けて
			忘	wàng	動 忘れる
通知	tōngzhī	動 知らせる	微笑	wēixiào	動 ほほえむ
通知书	tōngzhīshū	名 通知書			

为	wéi	動 ～になる、～と みなす				量〔動作の回数を 数える〕
为…所～	wéi...suǒ~	…によって～され る	下课	xià//kè	動 授業が終わる
为难	wéinán	形 困っている	下午	xiàwǔ	名 午後
为人	wéirén	名 人となり	下载	xiàzài	動 ダウンロードす る
为	wèi	前 ～のために	吓	xià	動 びっくりさせる
为了	wèile	前 ～のために	夏天	xiàtiān	名 夏
为什么	wèi shénme	代 なぜ	先	xiān	副 まず、先に
位	wèi	量〔敬意をこめて 人を数える〕	现在	xiànzài	名 今、現在
			限制	xiànzhì	名 限定、制限
温和	wēnhé	形 穏やかである	羡慕	xiànmù	動 うらやむ
文件	wénjiàn	名 文書	相当	xiāngdāng	副 かなり
文具	wénjù	名 文房具	相信	xiāngxìn	動 信じる
文章	wénzhāng	名 文章	香	xiāng	形 いいにおいがす る、おいしい
闻	wén	動 (においを)かぐ			
蚊子	wénzi	名 蚊	香蕉	xiāngjiāo	名 バナナ
问	wèn	動 尋ねる	箱子	xiāngzi	名 スーツケース
问题	wèntí	名 問題、質問	详细	xiángxì	形 くわしい
握手	wò//shǒu	動 握手する	想	xiǎng	助動 ～したい
屋	wū	名 部屋			動 ①思う、考える
屋子	wūzi	名 部屋			②恋しがる
无论…都～	wúlùn...dōu~	…であろうとも～	想法	xiǎngfǎ	名 考え方
午饭	wǔfàn	名 昼食	响	xiǎng	動 鳴る
捂	wǔ	動 (手で)押さえる	向	xiàng	前 ～に(向かって)
误会	wùhuì	動 誤解する	相册	xiàngcè	名 アルバム
			像	xiàng	副 ～のようだ
X			小	xiǎo	形 小さい
西班牙语	Xībānyáyǔ	名 スペイン語	小孩儿	xiǎoháir	名 子ども
西餐	xīcān	名 西洋料理	小时	xiǎoshí	名 ～時間
吸	xī	動 吸う	小说	xiǎoshuō	名 小説
希望	xīwàng	動 ～したいと思う	小心	xiǎoxīn	動 注意する
习惯	xíguàn	動 慣れる	小组	xiǎozǔ	名 グループ
洗	xǐ	動 洗う	校服	xiàofú	名 学校の制服
洗手间	xǐshǒujiān	名 トイレ、化粧室	笑	xiào	動 笑う
洗澡	xǐ//zǎo	動 入浴する	笑话	xiàohuà	名 笑い話、冗談
喜欢	xǐhuan	動 ～を好む	效果	xiàoguǒ	名 効果
下	xià	動 ①下る、降りる	鞋	xié	名 靴
		②(雨や雪が)	写	xiě	動 書く
		降る	心情	xīnqíng	名 気持ち

新	xīn	形 新しい
新闻	xīnwén	名 ニュース
新鲜	xīnxian	形 新鮮である
信	xìn	動 信じる
		名 手紙
信用	xìnyòng	名 信用
兴奋	xīngfèn	形 興奮する
行	xíng	動 よろしい、結構だ
行动	xíngdòng	名 行動
行李	xíngli	名 荷物
醒	xǐng	動 目覚める
幸福	xìngfú	形 幸福な
		名 幸せ
性格	xìnggé	名 性格
性能	xìngnéng	名 性能
姓	xìng	動 姓を〜という
姓名	xìngmíng	名 姓名
熊猫	xióngmāo	名 パンダ
修	xiū	動 修理する
修理	xiūlǐ	動 修理する
休息	xiūxi	動 休む
需要	xūyào	動 必要とする
选	xuǎn	動 選ぶ
选择	xuǎnzé	動 選ぶ
靴子	xuēzi	名 ブーツ
学	xué	動 学ぶ
学生	xuésheng	名 学生
学问	xuéwèn	名 学問
学习	xuéxí	動 勉強する、学ぶ
学校	xuéxiào	名 学校
雪	xuě	名 雪
血压	xuèyā	名 血圧

Y

烟	yān	名 タバコ
严惩	yánchéng	動 厳罰に処する
严冬	yándōng	名 厳しい冬
严厉	yánlì	形 厳しい
研究生	yánjiūshēng	名 大学院生
颜色	yánsè	名 色

眼	yǎn	名 目
眼睛	yǎnjing	名 目
眼镜	yǎnjìng	名 メガネ
养	yǎng	動 育てる、飼う
要求	yāoqiú	動 要求する
		名 要求
邀请	yāoqǐng	動 招待する
咬	yǎo	動 噛む
药	yào	名 薬
要	yào	助動 ①〜したい
		②〜しなけれ
		ばならない
		③〜しそうだ
		動 〜がほしい、必
		要とする
要〜了	yào〜le	もうすぐ〜
要不	yàobù	接 さもないと
要么	yàome	接 あるいは
要是…就〜	yàoshi…jiù〜	もし…ならば〜
也	yě	副 〜も
也许	yěxǔ	副 〜かもしれない
夜里	yèli	名 夜
夜校	yèxiào	名 夜学
一般	yìbān	形 一般的である
一边…	yìbiān…	…しながら〜する
一边〜	yìbiān〜	
一点儿	yìdiǎnr	数 少し
一定	yídìng	副 きっと、必ず
一方面…	yìfāngmiàn…	一方では…、他方
一方面〜	yìfāngmiàn〜	では〜
一会儿	yíhuìr	ちょっとの間
一会儿…	yíhuìr…	…したり〜したり
一会儿〜	yíhuìr〜	
一…就〜	yī…jiù〜	…すると〜
一面…	yímiàn…	…しながら〜する
一面〜	yímiàn〜	
一起	yìqǐ	副 一緒に
一下	yíxià	数 ちょっと〜する
一样	yíyàng	形 同じである

一直	yìzhí	副 ずっと、まっすぐに	游客	yóukè	名 旅行客
伊妹儿	yīmèir	名 Eメール	游乐园	yóulèyuán	名 遊園地
衣服	yīfu	名 服	游戏	yóuxì	名 ゲーム
医生	yīshēng	名 医者	游戏机	yóuxìjī	名 ゲーム機
医院	yīyuàn	名 病院	有	yǒu	動 ある、いる、持っている
已	yǐ	副 すでに	有点儿	yǒudiǎnr	副 少し、どうも〜
已经	yǐjīng	副 すでに	有时候	yǒushíhou	副 ときどき
以便	yǐbiàn	接 〜できるようにする	有效	yǒuxiào	動 有効である
以后	yǐhòu	名 以後	有意思	yǒuyìsi	形 おもしろい
以免	yǐmiǎn	接 〜せずにすむようにする	又	yòu	副 また
以前	yǐqián	名 以前	又…又〜	yòu... yòu~	…でもあり、〜でもある
椅子	yǐzi	名 イス	愉快	yúkuài	形 楽しい
意见	yìjian	名 意見	与其… 不如〜	yǔqí... bùrú~	…するよりも〜するほうがいい
因特网	yīntèwǎng	名 インターネット	羽毛球	yǔmáoqiú	名 バドミントン
因为… 结果〜	yīnwèi... jiéguǒ~	…なので〜	雨	yǔ	名 雨
因为… 所以〜	yīnwèi... suǒyǐ~	…なので〜	语法	yǔfǎ	名 文法
			语言	yǔyán	名 言葉
音乐	yīnyuè	名 音楽	预防	yùfáng	動 予防する
银行	yínháng	名 銀行	原处	yuánchù	名 もとの場所
引起	yǐnqǐ	動 引き起こす	原来	yuánlái	形 もとの
印象	yìnxiàng	名 印象	原谅	yuánliàng	動 許す
应该	yīnggāi	助動 〜すべきだ	远	yuǎn	形 遠い
英语	Yīngyǔ	名 英語	远处	yuǎnchù	名 遠い所
营养	yíngyǎng	名 栄養	愿意	yuànyì	助動 〜したいと思う、願う
影响	yǐngxiǎng	動 影響する			
用	yòng	動 使う	约	yuē	動 約束する
用功	yònggōng	形 努力する	约会	yuēhuì	動 約束する、デートする
幽默	yōumò	形 ユーモアがある			
由于… 因此〜	yóuyú... yīncǐ~	…なので〜	越…越〜	yuè... yuè~	…であるほどますます〜
邮件	yóujiàn	名 電子メール	越来越〜	yuèláiyuè~	ますます〜
邮局	yóujú	名 郵便局	运动会	yùndònghuì	名 運動会
邮票	yóupiào	名 切手	运动鞋	yùndòngxié	名 スニーカー
邮箱地址	yóuxiāng dìzhǐ	メールアドレス	孕妇	yùnfù	名 妊婦
犹豫	yóuyù	形 ためらっている	**Z**		
游泳	yóu//yǒng	動 泳ぐ	杂志	zázhì	名 雑誌

220

灾难	zāinàn	名 災難	涨价	zhǎng//jià	動 値上がりする
在	zài	動 ～にある、いる	着	zháo	動 目的を達する
		副 ～しているところだ	找	zhǎo	動 探す、訪ねる
		前 ～で	照	zhào	動 (写真を) 撮る
在乎	zàihu	動 気にかける	照常	zhàocháng	副 いつもどおりに
在意	zài//yì	動 気にかける	照片	zhàopiàn	名 写真
再	zài	副 ①再び、もう一度	照相	zhào//xiàng	動 写真を撮る
		②さらに、これ以上	这么	zhème	代 こんなに
再说	zàishuō	動 あとでにする	这样	zhèyàng	代 こんなふうに
赞成	zànchéng	動 賛成する	着	zhe	助 〔状態の持続を表す〕
脏	zāng	形 汚い	真	zhēn	副 本当に
遭到	zāodào	動 遭遇する	真是	zhēnshì	本当に
糟	zāo	形 悪い	真相	zhēnxiàng	名 真相
糟糕	zāogāo	形 めちゃくちゃである	枕头	zhěntou	名 枕
早	zǎo	形 早い	阵	zhèn	量 〔一定時間続く動作や状態を数える〕
早饭	zǎofàn	名 朝食			
早就	zǎojiù	副 とっくに	振作	zhènzuò	動 奮い立たせる
早上	zǎoshang	名 朝	争吵	zhēngchǎo	動 口論する
早市	zǎoshì	名 朝市	睁开	zhēngkāi	動 目をあける
责任	zérèn	名 責任	正好	zhènghǎo	副 ちょうど
怎么	zěnme	代 ①どのように、どんなに	正在	zhèngzài	副 まさに～しているところだ
		②どうして	证据	zhèngjù	名 証拠
怎么样	zěnmeyàng	代 どう、どのように	证实	zhèngshí	動 実証する
怎样	zěnyàng	代 どう、どのように	政策	zhèngcè	名 政策
增加	zēngjiā	動 増える	政府	zhèngfǔ	名 政府
炸	zhá	動 油で揚げる	之所以… 是因为～	zhī suǒyǐ... shì yīnwèi~	…なのは～だからだ
眨	zhǎ	動 まばたきをする			
摘	zhāi	動 摘み取る、(メガネなどを) はずす	支	zhī	量 〔棒状のものを数える〕
			只	zhī	量 〔動物を数える〕
窄	zhǎi	形 狭い	知	zhī	動 知る
占	zhàn	動 占める	知道	zhīdao	動 知っている
站	zhàn	動 立つ	知识	zhīshi	名 知識
		名 駅、停留所	直接	zhíjiē	形 直接の
张	zhāng	量 〔面のあるものを数える〕	只	zhǐ	副 ただ、～だけ
			只要…就～	zhǐyào...jiù~	…さえすれば～
长	zhǎng	動 成長する	只有	zhǐyǒu	副 ～するしかない

只有…才~	zhǐyǒu...cái~	…してこそはじめて~	准备	zhǔnbèi	動	①準備をする ②~するつもりだ
纸	zhǐ	名 紙				
纸箱	zhǐxiāng	名 ダンボール箱	桌子	zhuōzi	名	机、テーブル
质量	zhìliàng	名 品質	资格	zīgé	名	資格
治	zhì	動 治療する	自己	zìjǐ	代	自分、自身
智能手机	zhìnéng shǒujī	名 スマートフォン	自信	zìxìn	名	自信
中餐	zhōngcān	名 中国料理	自行车	zìxíngchē	名	自転車
终于	zhōngyú	副 ついに、ようやく	自由自在	zìyóu zìzài		自由気ままである
种	zhǒng	量 ~種類	字	zì	名	字
种种	zhǒngzhǒng	さまざまな	总	zǒng	副	いつも
重	zhòng	形 重い	总是	zǒngshì	副	いつも
重视	zhòngshì	動 重視する	总算	zǒngsuàn	副	やっとのことで
重要	zhòngyào	形 重要である	走	zǒu	動	①歩く、行く ②離れる、立ち去る
周末	zhōumò	名 週末				
周围	zhōuwéi	名 周囲	足球	zúqiú	名	サッカー
猪	zhū	名 豚	组织	zǔzhī	動	組織する
逐渐	zhújiàn	副 しだいに	祖上	zǔshàng	名	祖先
主意	zhúyi	名 考え	最	zuì	副	もっとも
主语	zhǔyǔ	名 主語	最好	zuìhǎo	副	~したほうがよい
煮	zhǔ	動 煮る、ゆでる				
嘱咐	zhǔfù	動 言い付ける	最近	zuìjìn	名	最近
住	zhù	動 ①住む、宿泊する ②固定する、安定する	罪犯	zuìfàn	名	犯人
			醉	zuì	動	酔う
			尊重	zūnzhòng	動	尊重する
			遵守	zūnshǒu	動	従い守る
住院	zhù//yuàn	動 入院する	昨天	zuótiān	名	昨日
注意	zhùyì	動 注意する	作业	zuòyè	名	宿題
抓	zhuā	動 つかむ	坐	zuò	動	座る、(乗り物に)乗る
转告	zhuǎngào	動 代わって伝える				
转	zhuàn	動 回る	座	zuò	量	〔固定された大きなものを数える〕
赚	zhuàn	動 儲ける				
装	zhuāng	動 (容器に)入れる、入る	座位	zuòwèi	名	座席
			做	zuò	動	する、やる、作る

著者紹介

柴森（Chái Sēn　さい しん）

中国・山東大学卒業。北京大学修士課程修了。専攻は、中国語学、東方文学。

北京語言大学講師を経て来日。現在、東京大学ほか講師。

著書：

『初級から中級へ！ 中国語の類義語攻略ドリル』（白水社）

『初級を突破！ 中国語 類義語使い分けドリル』（NHK 出版）

『絶対合格！ 中国語検定 3 級頻出問題集』（高橋書店）

徹底解説！

中国語の構文攻略ドリル［改訂版］

2023 年 2 月 5 日　第 1 刷発行
2024 年 4 月 15 日　第 3 刷発行

著　者　 © 柴　　　　　森

発行者　　岩　堀　雅　己

印刷所　　倉敷印刷株式会社

発行所　101-0052 東京都千代田区神田小川町 3 の 24
電話 03-3291-7811（営業部），7821（編集部）　株式会社白水社
www.hakusuisha.co.jp
乱丁・落丁本は、送料小社負担にてお取り替えいたします。

振替 00190-5-33228　　　　Printed in Japan　　　　加瀬製本

ISBN978-4-560-08961-3

初級から中級へ！
中国語の類義語攻略ドリル

柴 森 著

日本語から中国語に訳すとき、どれを使うか迷ってしまう類義語。間違いやすい表現をピックアップし、使い分けをばっちりマスター！

Ａ５判

中国語文法〈補語〉集中講義

洪 潔清 著

中国語学習者にとって最大の難関ともいえる〈補語〉。その難関を乗り越えるために、１冊まるごと補語に特化した参考書を作りました。段階的に身につけられるよう意味・用法を整理し、練習問題をたっぷり用意しました。

Ａ５判